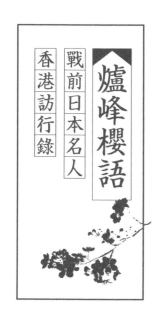

爐峰櫻語

戰前日本名人

香港訪行錄

黃可兒❀著

目次
もくじ

序

　　十九世紀後半至 1941 年太平洋戰爭爆發前的香港，是亞洲少數的國際都會。憑藉「不列巔和平」（Pax Britannica）和全球化，香港當時是東亞的主要商港之一，來自五湖四海的人不時要路經香港前往世界各地，甚或於此定居營生。香港也是不少華人和日本人離開亞洲，前往歐美的第一站，是他們看見「現代」世界的第一道窗口。他們在香港可見到現代物質文明燦爛一面、英國在殖民地的制度建設、各族群在香港的不同文化和創意，亦可窺見作為殖民地的香港在種族和階級方面的不公，或當時各地常見的貧富懸殊等問題。

　　可是，這個時期亦是近代歷史最為血腥的一頁，世界風雲變色，亞洲亦不可倖免。由於殖民地政府相對開放的出入境政策（特殊人物如胡志明和戴笠的經歷或許有別），來自不同背景的人或以此為家，或暫居避難，或只稍作勾留。他們有時會記下所見所聞，從不同角度留下舊日香港的片段。著者或對自身所處的社會進行批判，或借在港經歷抒懷，或兩者兼之。這些表述自然是有趣的史料，但要將其置於特定的時代和人物背景下理解，不能對其真實性毫無保留地接受或隨便以現時之標準評價。

　　師姐的大作細數明治到昭和初期曾於香港落腳的日本名人在港行狀，這些名人背景各異，有文壇泰斗、軍政要人、王公貴胄、宗教領袖等，他們在香港遊山玩水有之，見學交流有之，留下不少紀錄。除了自身經驗印象外，他們亦側寫了日本僑民在港的經歷，研究者亦可資參考。當時可以留下文字記述者，大多屬於重要人物，是社會的少數；如將來發現更多來自日本的「普通人」在香港生活的記述，對研究者而言自然是個好消息。部分日

人到港目的是搜集軍事情報，他們的經歷亦有不少參考價值，可惜時至今日仍少有相關發現。

香港人對旅行有幾乎執迷的熱愛，加上社交媒體的普及，港人亦留下不少關於日本的記述。近二十年，學界日益重視遊記、日記等史料，關於華人在日本遊歷見學的研究亦汗牛充棟，不但描述赴日者的經歷，亦細數這些經歷的影響。

或許，將來師姐或其他學者可以撰寫一本不同族裔香港知識分子的日本遊記合集，與此書相映成趣。

再次恭喜師姐完成大作，為近代香港和日本的交流歷史補白。是為序。

香港浸會大學歷史系副教授

鄺智文

前言　香港與日本：亞洲西化先驅兄弟？

　　被香港人戲稱為「家鄉」的日本，既保留了東洋傳統風情，又不乏時尚新穎的事物。無論你喜歡古典優雅的京都還是日新月異的東京，日本永遠不會讓人失望，總帶着無窮魅力。只不過，今時今日香港人趨之若鶩的日本，在十九世紀初中期的德川幕府年代，依然奉行鎖國政策。相反，1842 年割讓予英國的香港，卻早一步踏上西化的道路。

　　在 1868 年明治維新前，當時的德川幕府採取鎖國政策，禁止民眾與西方交流。跟作為英國殖民地的香港居民不一樣，日本人要接觸西方的事物相對並不容易。

　　然而，即使沒有飛機連繫兩地，早期的香港和日本並非完全隔絕。到日本踏入明治時代，香港不但成為參考對象，亦是日本人前往歐洲的中途站，不論文化上、地理上，日本都受到香港的影響。

　　雖說維新時期，明治政府才派遣留學生出國學習，但其實早在鎖國之年，也有國民因為各種原因離開日本。其中一個原因是為了探索西洋文明，例如「長州五傑」和「薩英使節團」。

　　故事要從 1853 年（嘉永六年）說起：

　　來自美國的海軍准將馬修‧卡爾布萊斯‧貝里（Matthew Calbraith Perry, 1794-1858）與黑船部隊途經香港、上海、琉球群島，來到江戶灣浦賀海面。江戶灣位處今日東京、橫濱附近一帶的海域，是當時日本政治經濟的中心。今天在靜岡縣下田市，還有紀念黑船來日的紀念像。

　　貝里與他的艦隊，令幕府統治下日本國民的平靜生活受到衝擊，吸引了好些既害怕又好奇的國民爭相跑到岸邊，一睹黑色巨

船的廬山真面目。

日本放送協會（NHK）製作的歷史長篇劇——大河劇，在描述幕府末年之際，總不會放過黑船來航一幕。無論是伊藤博文的師父、被尊稱為「明治維新之父」的吉田松陰，還是促成「薩長同盟」和「大政奉還」的幕後功臣坂本龍馬，相傳他們對貝里以及他的黑船艦隊，都留下了難以磨滅的印象。這當中除了德川幕府令人信心漸失，使明治俊傑們立心改變日本現狀的原因，還有迫在眉間的外患問題。

雖說黑船事件引起廣泛注意，但其實早在 1846 年，美國海軍就曾派遣艦隊來日，要求開國。可是，幕府對於擴展外交、通商貿易等等，依然無動於衷。

關於貝里的來日，當時日本民間流傳以下這首歌謠：

泰平の眠りを覚ます上喜撰、たった四杯で夜も眠れず

歌謠中的「上喜撰」，本來是一種京都宇治出產的高級綠茶，由於跟「蒸氣船」的讀音「じょうきせん」一模一樣，因此借用諧音諷諭幕府必須面對現實，不能再裝睡。歌謠表面說喝四杯「上喜撰」會徹夜難眠，實際上是諷刺四條蒸氣船的到來，將令德川幕府從此不得安眠。

貝里的黑船艦隊來日之時，幕府第十二代軍德川家慶正臥病在床。老中阿部正弘對外表示，這種情況下國家大事難以定奪。面對這個答覆，貝里只得把文書交托留下，表示一年之後將再次訪日。

黑船在日本民間掀起大風浪後離去，在琉球群島跟其他艦隊合流。後來，艦隊路經英國殖民地香港，再踏上歸途。

如果說，黑船事件挑動起日本人對西方的好奇，開始想探知

外面的世界，在貝里來日前二百年，有些日本人卻是抱着逃亡心態或由於宗教原因被迫離開。

儘管豐臣秀吉於 1587 年頒佈《伴天連追放令》，在法律上將天主教定性為「邪教」，但位於今日長崎縣的島原一帶，天主教信仰依然蓬勃，高峰時期天主教徒人數更達到三萬人。

到德川家康取代豐臣秀吉掌握大權，德川幕府成立後，曾下令所有人必須棄教。其後，就發生了 1619 年京都大殉教、1622 年長崎西坂元和大殉教，以及 1627 年起連續四年的雲仙地獄迫害。

在艱難環境下，有部分日本天主教徒選擇逃亡。他們有部分輾轉漂流到了澳門，最後終生不得返國。有部分比較幸運的，死後遺骨埋葬在大三巴下面的納骨堂。即使到了今天，納骨堂依然保留着這些堅守自身宗教信仰，逃亡海外的勇敢日本天主教徒留下來的姓名、生卒年月，以及他們的出生地。然而，海上漂流旅程相當艱辛，如不幸葬身大海，就無從查證了。

有關日本天主教發展史，除了親訪長崎、澳門等相關地點探索，亦可翻閱日本作家遠藤周作為了紀念虔誠的天主教徒、於 1996 年寫下的《沉默》一書。後來，作品於 2016 年被改編成電影，這段歷史在銀幕上得到重生。

至於最早來到香港定居的日本人，一般有兩種說法：

根據丁新豹教授在《非我族裔：戰前香港的外籍族群》一書中所指出，「據悉香港開埠不久有日人來港。1845 年，四名分別來自大阪、名古屋、長崎的日本漁民來到香港」。另一個版本，是香港日本人俱樂部史料編集委員會推出的歷史書刊《香港日本人社會の歷史　江戶から平成まで》中的「九州漂流說」。

根據委員會所說，1835 年有一位名叫原田庄藏的男人領着三位漁夫，還有滿船的番薯，從熊本天草出發到長崎。他們在海

上遇到惡劣天氣，輾轉之下去到澳門。這四位男子，分別來自肥後國及肥前國。如果用現代地理去區分，則他們分別來自熊本縣、佐賀縣和長崎縣。

四位男子想過返回日本，可是由於違反鎖國令，害怕會被問罪，最終還是決定留在澳門。到了 1837 年 9 月，洋人停止對流浪澳門日本人的援助，迫使他們另覓謀生方法。這就是他們決定離開澳門，到英國殖民地——香港展開新生活的契機。這個「契機」就發生在 1845 年，香港正式成為英國殖民地的第三年。

有關以上「九州四人組」驚險的旅程，在本書第一章會有詳細的敘述。

前文提到，曾經讓日本國民驚為天人的黑船曾經來過香港。對於醉心日本歷史的香港人來說，「黑船來港」可能是新鮮事。但只要轉念一想，早在 1840 年代已經成為英國殖民地的香港，由於港闊水深，以及各種優越的天然條件，一直是亞洲航運的重要良港。軍艦也好、客船也好，不難想像由日本出發前往歐美的船隻，大都有機會經過香港的維多利亞港。

位處中國偏遠南方的香港，在英國人統治和發展下，不但有良善港口配套和歐式街道設施，還有井井有條的市區規劃以及近代行政架構，被喻為「英女皇皇冠上的一粒明珠」，閃耀光輝。

對於初次離開國土，到外國開拓視野的日本人來說，香港這片「殖民地下的亞洲土地」，又到底是好？是壞？

本書第三、四、五章，將為各位讀者介紹二十位前往歐洲途中跟香港結下緣分的日本旅客。

無論是德川幕府年間，偷偷利用藩經費到海外留學的志士，還是明治政府大批派遣到外國留學的人才、大正昭和年間遠赴外國開拓眼界的旅客，不少都在香港留下一鱗半爪。他們當中，有政治人物、軍事天才、文人雅士、新聞記者、貿易商人……即

使同樣來自日本這個地方，大相逕庭的出身和個人經歷，也令他們對同一個香港，留下完全不同的印象。

透過前人留下的各種紀錄，包括日記、書信、詩歌、畫作、新聞稿等等，願能為喜愛日本歷史、香港歷史的各位讀者，披露百多年前來去匆匆的日本過客，對香港浮光掠影的旅遊印象，促進香港與日本兩地的文化以及歷史交流。

第一章

最早來到香港的日本人

透過歷史課本，我們很早已經知道日本曾派遣唐使到中土學習各種知識和文化。當時的長安和洛陽，是他們夢寐以求的聖地。遣唐使年代完結後，往後的朝代，又可有日本人來到中國居住呢？當中，會有住在香港的人嗎？說實話我們沒有足夠的證據，不能坐實「有」還是「沒有」。

追溯香港日本人俱樂部史料編集委員會所出版書籍中的記載，最初在香港定居的日本人是四位九州出身的日本居民。他們來到香港定居時還是德川幕府弘化年間，比「文明開化」下日本人可以堂而皇之出國留學的明治維新時期還早。

今次的故事比較長，要從十九世紀末三十年代開始講起。

講明是日本人的故事，當然得由他們的家鄉——日本開始。戰國時代在關原之戰後，終於踏入平靜的德川幕府時代。但太平盛世過了幾百年免不了迎來衰落的一天。

在挽回德川政權劣勢的「天保改革」之前的天保六年（1835），肥後藩（今熊本縣）有一位擁有小型搬運船的男人，名叫原田庄藏。他帶着三名船夫和滿船的番薯從熊本天草開往長崎，不料途中遇到惡劣天氣，經過三十五天漂流之後終於在菲律賓群島登陸。這群生存意志堅強的男人好不容易再花了三十天時間到了馬尼拉，滯留兩年之後於 1837 年 3 月遇到了前往澳門的西班牙船隻。

到達澳門之後，他們接受了德國傳教士郭士立（Karl Friedrich August Gützlaff）的幫助，在澳門定居。四位九州人很快就取了洋名，根據歷史記載，他們的家鄉以及當時的年紀如

下：原田庄藏（Heart，二十八歲），肥後國飽託郡；川尻壽三郎（Fortunate，二十五歲），肥後國玉天郡；熊太郎（Bear，二十八歲），肥前國；島原力松（Strong，十六歲），肥前國島原口之津。如以現在的地理去區分，頭兩位是熊本縣居民，後兩位應是長崎縣居民。

但是，這四位定居澳門的九州人並不是最早去到澳門的日本人。原來當他們去到郭士立的宅第時，已經有三位天保三年（1832）從鳥羽港（今三重縣）乘搭尾張（今愛知縣西部）迴船「寶順丸」出發前往江戶失敗的日本人了！他們分別是岩吉（又名「岩松」）、久吉、音吉（又名「乙吉」）。

音吉當年十四歲，長大後在上海一間英國商社工作，後來還娶了新加坡太太。他跟老婆移居新加坡，成為最早定居新加坡的日本人，也是日本首位環遊世界的人。這位音吉後來成為翻譯人員，以「オトー」（和「音」同一讀音）之名成功回到江戶，也去過長崎。

故事扯得很遙遠，總之就是九州四人組原田庄藏等人，加上「寶順丸」的音吉三人一起在澳門住了一段日子。看到這裏我們不禁驚嘆：尾張除了誕生首位拿着地球儀嘖嘖稱奇的大傻瓜織田信長，原來還出了首位環遊世界、首位成為新加坡居民的日本人！

1837 年的 7 月 4 日，這七位日本人終於等到機會回國。他們與其他外國人一起乘搭 Morrison 號，以江戶為目標出發，望着大海踏上歸家之路。7 月 12 日，他們已經去到沖繩，但是沖繩的人聽到情況之後認為乘搭日本船太危險，建議他們乘搭外國船回去九州的鹿兒島。7 月 29 日，他們終於看到富士山，30 日在驟雨之中成功駛入江戶灣。不過，伊豆一帶早就收到通知——所有外國的船隻都不能進入港口，必須以大炮攻擊，所

以他們乘搭的 Morrison 號竟然受到今日千葉縣房總半島州崎炮台及浦賀平根山炮台夾岸攻擊。無計可施之下，他們唯有冒着狂風暴雨去到今日神奈川縣的橫須賀暫避。在大炮的夾擊及天氣的影響下，Morrison 最終決定轉往鹿兒島，但兩位熊本居民跟陸地上面的日本人交涉過後頹然回到船上。原來，薩摩藩決定跟從幕府的規則格殺勿論，對他們施以炮擊。無法在鹿兒島上岸的 Morrison 號改去長崎同樣不果，最後慮及違反鎖國令回國必成罪人，這些在海上漂泊的日本人只好再次回到澳門。

1837 年共七位日本人回到澳門，本來一直依靠外國人提供的生活補助生活，可是同年 9 月洋人停止援助，迫使他們需要另覓謀生的方法。當中的九州四人組決定到剛剛成為英國殖民地的新天地——香港展開新生活，時為 1845 年。這是明治維新前二十三年、清廷割讓九龍半島前十五年的事。當時日本正處於天保改革失敗、踏入弘化年間之際。

這幾位日本人陰差陽錯成為歷史上有記載、最早踏足香港的旅客，後來還成為當地居民。其後，還有更多日本人，分別當上香港的居民或過客，本書將為大家介紹香港的過客們。

第二章

明治維新志士取經之地：英殖香港

2017 年的秋天，山口縣萩市的博物館「明倫館」正為了次年的「明治維新 150 週年」紀念活動，如火如荼地準備特別展覽。

　　這家博物館前身是學校，後來成為介紹長州「維新五傑」以及被稱為「明治維新之父」吉田松陰的博物館。在林林總總的文物之間，我看見 1863 年薩摩藩跟英國之間的戰爭——薩英戰爭的紀錄。

　　平安時期的日本，早就崇拜對岸強盛壯大的唐宋文化。遣唐使以及僧侶、商人之間的交流，為日本社會提供各項發展的養分。來自地球另一端的國家，竟然能夠打敗日本一直深信不疑的強國，日本有識之士怎能不響起心中警鐘？薩摩藩一旦戰敗便要割地賠錢，豈不是重蹈香港覆轍？

　　博物館裏，有相傳是高杉晉作留下來的想法醒目地印在展板上：「不能學清國割地！」高杉晉作透過了解國際時事，在香港割讓事件中感受到領土完整的重要以及富國強兵的急切。

　　走入另一個展覽室，英姿颯爽的五位西服裝扮的年輕人，透過蘇格蘭商人 Thomas Blake Glover 的幫助，假扮成英國船員在橫濱登船，五日後經過上海，再分批前往倫敦，時為 1863 年 6 月 27 日。

　　當時的英國商船，跟今時今日香港的大財團亦大有關係。五傑乘搭的 Vessel Chelswick 隸屬怡和洋行（Jardine, Matheson & Co. Limted）旗下，而怡和洋行也就是今日怡和控股有限公司（Jardine Matheson Holdings Ltd）。

　　五位年輕人分別是未來明治年代舉足輕重的人物：井上馨、

遠藤謹助、山尾庸三、伊藤博文、井上勝，都是長州藩藩士，當中伊藤博文更是日本第一位內閣總理大臣。

由於當時沒有今日安全舒適的直航班機前往英國，客船一般會選擇停留上海、香港這兩個東亞地區，它們都是當時最先進發達的港口。

雖然日本和美國於 1854 年簽訂通商條約，但是香港早在 1849 年和 1850 年已經分別發展上海航線和倫敦航線；至於經上海的船隻，1864 年可以航行至橫濱，1867 年更可直抵三藩市。橫濱直到1859 年才開港，便顯得相對遲緩。因此十九世紀中葉，不少日本人都會途經上海、香港前往歐洲。例如夏目漱石就是從橫濱乘「普魯士號」到香港再去英國。香港作為英國的遠東殖民地，對於初次離開祖國的日本人來說是踏足歐洲大陸前的中轉地，也是初次感受外國文化、制度、社會的窗口。有關百多年前的日本人如何看待香港，我們可從他們的文字紀錄探索雪泥鴻爪。

1867 年日本「資本主義之父」澀澤榮一及 1871 年「維新三傑」之一的木戶孝允第一次來到香港的時候，他們感受到的震撼和今時今日香港人初到日本看到整齊的街道、先進文明的市況時大同小異。

木戶孝允在日記裏是這麼寫香港的：

> 本地人店舖，亦受英國人管轄，市街之類酷似歐洲，亞洲各地中未見如此地之清潔。惟本地人之房子，與歐洲人迥異。

至於澀澤榮一，他在到訪香港之前去過上海。對於上海，澀澤榮一看法如下：

上海是沿吳淞江而建的都市，西洋諸國商人開店者漸多，市面異常興旺，然而中國舊有的街巷狹隘而極其穢，就中上海城城內的市街，因多酒肆肉鋪之類，臭氣難堪，本地人陋劣而輕浮，多賤民乞食之類。

然而，他對香港的印象卻相當不錯：

　　香港屬英國領土，市街多歐洲式，其中雖有中國街衢，然不逮上海。本地人與上海相比，亦覺其優勝。

萬元紙幣上的福澤諭吉，他的名作《勸學篇》第一句寫道「天不生人上之人，亦不生人下之人」，意思不是說天生萬民平等，而是上天賦予人類的質性是一樣的，但可以透過後天努力而躋身人上人，相反不能進步的人就會淪為人下人。福澤諭吉以此勸勉日本人獨立自強，這也是他寫《勸學篇》的主旨。被後人尊為「文明開化之父」的福澤諭吉，其思想本源，深深體現在他在香港的經歷：

　　我乘船來到香港，當船停泊在岸邊的時候，我遇到中國的小販販賣鞋子。一來對商品有興趣，二來本着消遣的心態，我嘗試跟他交涉一下。旁邊有英國人以為中國人狡猾不老實，一手把鞋子搶過來塞給我，還叫我只要付兩元就好了。把錢交給中國人後，英國人一言不發，就直接拿起杖把中國人趕出船。中國小販來不及理論鞋子價格高低，便驚慌地離開。

早期香港居民在英國人統治下的情景，躍然紙上。
　　對於這件事情，福澤諭吉看在眼裏、記在心裏。他並沒有同

情同樣是亞洲人的華人，另一種想法反而漸漸萌芽：殖產興業、富國強兵，視英國為學習對象，最終目標是超越英國等西歐列強。

丁新豹教授在公大講堂「過客眼中的香港」中，曾經提過福澤諭吉買鞋事件的後續：

> 我們的日本帝國，要是能夠有幾百上千的軍艦，就能夠讓我們的國旗在中國印度的海面飄揚。這一點還能去到西洋各個港口，展現國威所在。不但要好像英國人駕馭華人，還要把英國人當成奴隸一樣壓制。今天我們看到外國人覺得憤憤不平，是因為我們受到他們的壓制。我等誠心許願能夠做到壓制他們的壓制，獨佔世界中的壓制。

早期來到香港的日本人，都跟福澤諭吉一樣想法嗎？並不是這樣的。

比勝海舟、福澤諭吉的「咸臨丸」早四天於橫濱出發，乘搭另一條船「USS Pawhatan」去美國的仙台藩藩士玉蟲左太夫就跟福澤諭吉完全相反。與明治新政府奮戰到底、擁護德川幕府的他在 1860 年的《航米日錄》中記載了香港居民被英國人當成奴隸，讓他感到難過。

由此可知，儘管是同一個香港、類近的事情，在不同的日本人眼中也有不同的看法和感受。

戰前香港，固然有日本籍居民努力求存，為香港的繁榮發展作出貢獻；與此同時，亦有為數眾多的日本旅客在香港短暫停留。殖民地的風土人情在他們眼中是何許模樣？在香港的短短幾日，對他們往後的人生，又產生了怎樣的作用？

後人如我們，不妨透過他們旅程中留下的紀錄，看看他們眼中的舊香港，感受香港對他們的影響。

日本的近代化一般來說都會以明治維新為分水嶺。然而早在明治維新之前，部分有遠見的強藩，例如薩摩藩（今鹿兒島縣）和長州藩（今山口縣）早就偷偷開始探索西學，踏上富國強兵之路。因此在明治維新之前的十多年，日本已陸續有有識之士揚帆出海，踏上西洋文明之旅。

到了 1870 至 1876 年期間，《西洋道中膝栗毛》一書風行一時。此書籍講述主角兩人跟隨橫濱富商到倫敦參觀萬國博覽會，沿途經過各大港口的所見所聞。書名來自十九世紀初另一本洛陽紙貴的故事集《東海道中膝栗毛》。踏入明治維新，隨着部分社會精英出國考察留學，日本國民的眼光從此擴闊。

這些在明治文明開化期間留下旅程紀錄的日本人，大多是近代日本的精英，在各自的領域出類拔萃。作為英國殖民地的香港，在他們眼中自然是窺探歐美文明的窗口。

第三章

明治時代（一八六八至一九一二）到訪香港的日本名人

陸奧宗光

為日本鋪設電纜的
取經之旅

Mutsu Munemitsu

❀ 陸奧宗光小傳

在日本山口縣下關市，有一條用我們耳熟能詳的清朝歷史人物命名的道路——李鴻章路。

為了結束甲午戰爭（又稱日清戰爭），清朝欽差大臣李鴻章遠赴日本談判議和。李鴻章經常取此道往返於宿舍與談判所在地春帆樓，後人為了紀念他，於是把小路以其姓名命名。

陸奧宗光的名字，總會聯同甲午戰爭時的中日外交被一併提及。當時日本對清朝態度強硬，戰爭一觸即發、不可逆轉。而在陸奧宗光的外交手腕下，英國和俄國俱保持中立。清朝戰敗後，陸奧宗光和伊藤博文以日本代表身份，與清朝簽署《馬關條約》。對甲午戰爭和《馬關條約》感興趣的人，大多讀過由陸奧宗光於 1929 年出版的《蹇蹇錄——日清戰爭外交秘錄》。

1844 年出生於德川幕府和歌山藩的陸奧宗光，是紀伊藩藩士伊達宗廣第六個兒子。年輕的陸奧宗光又名伊達陽之助、陸奧小次郎。受到父親伊達宗廣影響，少年時代的陸奧宗光曾抱有尊王攘夷的思想。雖然說是藩士家庭，可是由於紀伊藩在政治鬥爭中落敗，陸奧宗光的生活並不寬裕。

1867 年，陸奧宗光加入坂本龍馬的海援隊，次年跟英國大使在大阪見面後向岩倉具視彙報結果，正式加入外國事務局成為官員。擔當過大阪府權判事、兵庫縣知事後，陸奧宗光首次到英國。歐洲之行的考察目標是以和歌山藩歐洲執事身份，主持和歌山藩的兵制改革。

西鄉隆盛在 1877 年發動西南戰爭，陸奧宗光捲入立志社事件，被控參加反社會運動入罪。在獄中的五年時間他沒有浪費，翻譯了英國哲學家謝洛美邊沁（Jeremy Bentham）的著作。出獄

陸奧宗光（右）及伊藤博文（左）像（圖片由孫實秀先生提供）

後，陸奧宗光得到伊藤博文的賞識，並接受其建議到歐洲留學。

　　陸奧宗光相信只有把德川幕府跟外國締結的種種不平等條約廢除，日本才能奠定現代化國家的基礎。因此在 1888 年，陸奧宗光擔任駐美大使，即跟墨西哥簽下對等關係的通商條約。在甲午戰爭發生之前，這位明治年代不可或缺的外交官亦率先跟英國表示友好，締結《日英通商航海條約》，還成功廢除幕末以來和美國、德國、意大利、法國等十五個國家簽署的不平等條約和治外法權。

　　作為初代總理大臣伊藤博文的強力後盾，曾經在歐洲留學的陸奧宗光相信不能只抄襲德國的一套，建立日本的政治體制需要有獨立自主的判斷力和價值觀。

　　《馬關條約》簽署時，日本初次品嚐到躋身列強的甘甜。戰後得到清朝賠償三千萬兩，但由於受到俄國、德國、法國的干涉，被迫交還遼東半島。日本其後積極擴張軍備，抗衡俄國，後

來兩國在陸奧宗光過身後幾年的二十世紀初正式開戰。

有關陸奧宗光的一生，不可忘記的還有他身邊的賢內助——有「鹿鳴館之花」美稱的陸奧亮子，令這位明治外交官的人生錦上添花。

陸奧亮子原名小鈴，本是東京新橋柏屋的藝妓，美貌智慧與「憲政之父」板垣退助寵愛的藝妓小清齊名。陸奧宗光在前妻蓮子過身後，正式迎娶亮子。他在山形監獄的幾年裏，除了翻譯哲學書籍，還留下大量給夫人的漢詩。在照顧家庭以及前妻留下來的子女以外，陸奧亮子跟今時今日的社會名媛一樣，投身公益事業，為日本紅十字會工作出力。陸奧宗光到美國擔任駐美大使，才識兼備的陸奧亮子亦以外交官夫人身份同行去美國。除了驚人的美貌和得體的談吐內容，舉手投足間都為日本爭足面子，有「華盛頓社交界之花」的稱號。

陸奧宗光終其一生為日本在國際上爭取平等的地位，日本能在明治年間國力趨強、挽回幕府年代的劣勢，在國際舞台佔一席位，他的貢獻毋庸置疑。

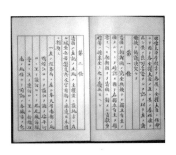

《馬關條約》

陸奧宗光夫人亮子

1870 年 10 月 21 日，《德臣西報》（*The China Mail*）上一篇不起眼的新聞記載了一個當時還未被廣泛認知的名字——Mutsu Yonosuke。

1870 年 10 月 20 日，是香港歷史上非常重要的一日。港督柯士甸代表香港政府與代表大北電信公司的丹麥上尉蘇信簽約，電報終於在香港誕生。

這段小小的新聞報道了連接香港和上海之間的海底電纜上岸的開幕典禮。這個貫通歐亞的超級大工程有二十人見證，包括署督、行政局議員、首席法官、律政司、幾個國家的大使、銀行家和富商。

報章上是這麼說的：“We learned this was Mutsu Yonosuke sama Wakayama Hun, with his friend, an interpreter, Captain Pfoundes of Japan.”

這位來自和歌山的陸奧陽之助、未來的日本外交官陸奧宗光，正正就是在香港見證海底電纜開幕儀式的日本年輕人。他身邊的傳譯員 Captain Pfoundes 全名是 Captain Charlie Pfoundes（范查理），更是歷史上第一位把佛教帶到倫敦的傳教士。

當時陸奧宗光雖然只有二十六歲，但透過參與坂本龍馬海援隊的經驗，對海軍以及軍艦等等已有一定的認識，亦曾經在日本跟英國大使見面。順帶一說，1870 年的 10 月，與香港參加海底電纜鋪設同月，他的次子潤吉在日本誕生。

早在 1860 年代，法國、俄國、丹麥和英國都曾經向清朝政府申請興辦電報，結果無一成功。滿清政府一直拒絕外國電報，主要是考慮到風水問題以及無法保證電線和電杆安全。

最早採用電報通訊的是渣甸洋行，1863 年從東角（今銅鑼灣）架線到中環的辦事處；1868 年，香港黃埔船塢買入兩部 1858 年型號的電報機，準備安裝在香港仔以及中環。1869 年，政府終於以電報駁通全香港的警署。只不過，早期電報只可用作遠距離通訊，加之香港地方細小，電報又需要解碼，跟人手送遞所費時間相差不遠，所以早年只有極少數人使用。

記載了年輕的陸奧宗光來到香港的《德臣西報》曾經在 1866 年評論香港水域不太深，沒有珊瑚，是安放海底電纜的最佳地點。後來法國大使去信兩廣總督，要求試辦香港到廣州的線路，亦有分析指出香港及上海的線路極其重要。

1869 年起，大北及東延兩間公司都希望爭取香港市場，以外交途徑申請海底電纜的文件都交到殖民地部門，並轉發港督。大北起步較早並獲得英俄兩國外交支持，但建設海底電纜的船隻如果需要在海面上停泊，仍然需要清政府的批准。東延最東的海底電纜能到達星加坡，未能及時鋪到香港以及附近沿海。雖然香港屬於英國殖民地，亦必須跟大北商討如何在香港合作。最後東延以上海為終點不再北上，大北則以香港為終點不再南下。

根據陸奧宗光的年譜記錄，1869 年他參加了和歌山藩藩政改革，第二年成為和歌山藩歐洲執事，並且前往英國、德國、法國等歐洲國家考察。在 1870 年 7 月爆發的普法戰爭，他亦有參與視察，並且在戰爭完結後的翌年 5 月回國。假如陸奧宗光在戰爭爆發後出行，非常有可能就是在那段期間路過香港，參與鋪電纜活動，並且預先為之後一年上海到長崎的海底電纜作考察。

與他同行的翻譯員范查理是一位愛爾蘭人，早年由於工作關係來到遠東，年輕時候曾居住在日本學習日本語，對日本藝術以及佛教都有深厚的認知。在 1880 年代回到倫敦開設海外宣教會，隸屬淨土真宗的他為佛教教義正名及推廣，舉辦過講座也發

行過刊物。1893 年他返回日本，最後在神戶去世。歷史記載他曾經在 1870 年跟隨日本的官員們前往歐洲，相信就是在這次機緣巧合下與陸奧宗光來到了鋪設電纜的現場，見證香港電訊發展的歷史時刻。

當日儀式後，各工程實驗繼續如火如荼進行。1871 年 4 月 16 日，大北的上海代理發電報給港督，鳴謝香港政府促成線路；香港於 4 月 17 日早上 11 時回覆，恭賀接通成功。上海代理於同日下午 1 時 52 分回覆致謝，香港在兩分鐘後收悉。史載

陸奧宗光像（圖片由孫實秀先生提供）

正式公開營業的日子是 1871 年 4 月 18 日，這就是香港首次的電報通訊。

1871 年，大北電信公司鋪設海底電纜，建立了長崎至上海線、長崎至海參崴線，展開日本最早的國際電訊事業；日本跟歐洲則有橫跨印度洋以及西伯利亞的兩條線路連結。到了 1872 年，透過海底電纜連接，東京跟長崎之間的通訊線路成功建立，日本政府亦在關門海峽首次鋪設海底電纜。明治日本的現代化過程又向前邁進一步。

長崎這個沿海城市也跟香港相當有緣分：1896 年，香港上海銀行繼橫濱以及神戶分店之後，開辦了長崎分店。直到今天，我們還能在長崎看到當日宏偉的香港上海銀行分店的歐式建築。

	所屬地區	景點	官網
旅遊資訊	東京都	**陸奧宗光邸** 台東区根岸 3-7-15	
		陸奧宗光別邸古河庭園 北区西ヶ原 1-27-39	https://www.tokyo-park.or.jp/park/format/index034.html
		鹿鳴館跡の碑 千代田区内幸町 1-1	
	和歌山縣	**陸奧宗光像** 和歌山市岡山丁 3 岡公園	
		陸奧宗光生誕地碑 和歌山市吹上 3	
		陸奧宗光後妻亮子 わかやま歴史館 和歌山市一番丁三番地	http://wakayamajo.jp/tenji/index.html
	山口縣	**日清講和記念館** 下関市阿弥陀寺 4-3	https://www.shimohaku.jp/page0106.html

大山巌

Ōyama Iwao

✽ 大山巖小傳

明治日本經過改革後，海軍陸軍武運昌隆，分別擊敗東方的巨人清朝以及西方的傳統大國俄國，晉身成為船堅炮利的世界列強。

要拜訪「陸上大山、海上東鄉」名句中的兩位明治時代名將，只要到鹿兒島 JR 車站，步行到加治屋町，便可一次過滿足兩個願望。

2018 年時值明治維新一百五十週年紀念。鹿兒島市內充斥濃厚的歷史氣氛，無論是東鄉平八郎的出生地，還是三分鐘步行距離的大山巖出生地，都見前來致意的遊客絡繹不絕，向兩位畢生為國家鞠躬盡瘁的軍人敬禮。

大山巖是「維新三傑」西鄉隆盛的表弟，1842 年生於日本薩摩鹿兒島城下加治屋町。他的父親是薩摩藩藩士。年輕的大山巖在寺田屋事件後被禁足，薩英戰爭後解除禁令，隨即負責炮台的相關事務。正因戰爭契機，大山親身感受到西歐列強的軍事力量，其後與黑田清隆等人跟隨江川英龍學習炮術。掌握新式戰術之後，大山巖參與過鳥羽伏見、會津戰役等等戰事。造化弄人，他未來的妻子捨松在會津戰役當年只有八歲，全家共同抵擋大山巖以及其軍隊的攻擊，最後依然落敗。

新政府成立之後，大山巖到歐洲視察普法戰爭。這是普魯士與法國之間的戰爭，普魯士戰勝後於 1871 年成功統一德國。親身視察西歐列強間的戰爭後，大山巖赴瑞士日內瓦留學。

大山巖在橫濱出發前往日內瓦之前的一天，未來的妻子捨松亦登船前往美國。而跟大山巖共同研究炮術的黑田清隆，到美國視察之後對美國西部跟男性共同開墾荒地的女性感受極深，回國

大山嚴誕生地（圖片由孫實秀先生提供）

後募集男女前往美國學習。

捨松的哥哥認為這是繼會津戰役之後，為藩士挽回聲譽的好機會，即使當時未曾有過女性留學先例，亦決定把妹妹送到美國。當時參加的人並不多，連同捨松只有五名少女，都是幕府藩士及「賊軍」的女兒們。

捨松在美國完成大學學業並接受基督教洗禮。她在學時經常投稿校報，專攻英國文學，生物科成績亦很優秀。她很留意國際形勢，畢業論文題目是「英國的對日外交政策」。這些年少時在外國生活的經驗累積起來，促成未來與夫婿大山巖的緣分。

講到緣分，年輕的大山巖一直很崇拜表兄西鄉隆盛。大山巖留學回日本之後，以政府軍的指揮官名義參加西南戰爭，跟表兄西鄉隆盛兵戎相見。西鄉隆盛的自殺對大山巖影響極深，從此他再也沒有回過家鄉鹿兒島。

伊藤博文初代內閣成立後，大山巖成為最初的陸軍大臣。1884 年以陸軍大臣的身份再次前往歐洲考察軍隊制度，之後提出解決朝鮮問題的意見書，又參與甲午戰爭、日俄戰爭，跟出生時的鄰居東鄉平八郎並駕齊驅。兩次戰爭彪炳的戰績，讓他們同時得到「陸上大山、海上東鄉」的美譽。

大山巖與第二任妻子捨松，在當代日本亦屬鋒頭無兩的自由戀愛故事。「勝者薩摩」男兒與「反賊會津」之女，並沒有得到祝福，甚至被認為是怪異的一對。

當時日本陸軍正從法國兵制過渡到德國兵制，操流利法語及德語的大山巖經常要出席夫人相伴的舞會，捨松就是在這個時機碰到大山巖。最初捨松並不能聽懂薩摩方言，反過來說大山也不可能懂得會津方言。幸而兩位都精通法語，相處不久即決定共諧連理。

大山巖得到深明外國禮儀的賢內助幫助，在需要應用西方禮

大山陸軍大將

紀念大山嚴的明信片

儀的社交場合如鹿鳴館舞會等從不失禮，無論是英語、法語還是德語，談笑風生的大山巖夫人從不怯場，為日本文明開化形象的代言人。除了舞會之外，捨松身為大山巖的夫人，還舉辦過日本最初的慈善活動——「鹿鳴館慈善會」，後來還成為日本紅十字會後援團體日本赤十字篤志婦人會發起人。對於留美好友津田梅子創立的女子英學塾（今津田塾大學）也全力支援，曾經擔任募集資金的委員會會長以及英語顧問等理事職務。

作為陸軍將領的大山巖在前線作戰，後方有捨松支持。當大山巖在甲午戰爭以及日俄戰爭擔當參謀總長以及滿洲軍總司令官時，捨松除了幫忙紅十字會的護士照顧傷兵，還發動政府高官夫人們製作繃帶。雖然大山巖夫婦的出身背景是敵對陣營，婚後卻共同為日本貢獻自己力量。

❀ 大山巖訪港：1884 年 2 月 20 ～ 26 日

1884 年是一個特別的年份，上半年有「陸上大山」的大山巖訪港，下半年就到「海上東鄉」的東鄉平八郎到臨。

1884 年 2 月 16 日，橫濱港口的法國郵輪明智號揚帆出海。郵輪上載有大山巖以及另外十四位到歐洲作軍事視察的陸軍將領及兵士，再加上兩位陸軍留學生，總共十七人。他們前往歐洲途中曾經在香港港口停泊逗留。

當時在香港的町田實一代理領事接到通知，知道視察團要在香港停泊時，馬上通知了香港港督寶雲（George Ferguson Bowen）以及沙約翰陸軍司令官。最初他們打算鳴放禮炮並在碼

頭列兵恭候，但被大山巖婉拒。原因是出發時他覺得毋須使用禮服，因此把禮服都收起來，從而避免這種需要使用到禮服的儀式。

郵輪明智號於 2 月 20 日上午 10 點抵達香港港口，以町田代理領事為首的迎接隊伍乘坐小蒸氣船前往迎接。抵達後，大山巖跟小阪千尋少佐住在領事館，其他中將、少將等人就住進新開業的法國旅館。

這位小阪千尋跟香港亦有淵源。六年前的 1878 年 8 月 5 日，當時身份還是中尉的他在法國返回日本途中，曾經和廣軍吏補共同照顧生病的湯川溫作少尉。湯川溫作當時二十一歲，在留學法國期間不幸患上腦疾。本來打算在香港求醫，可是等不及醫治便在 8 月 6 日下午 2 時撒手人寰。小阪千尋等人在寺田書記生陪同下為他辦了後事，死亡證明則由法國領事館以及船上的醫生幫忙辦理。所有的費用都由香港日本領事館預付，之後再向陸軍省報上。現時，湯川溫作的墳墓依然聳立在跑馬地的日本人墓地，是同場中年代最久遠的日本人墳墓。

2 月 23 日上午，大山巖等人前往香港總督官邸拜訪港督寶雲，港督非常高興地迎接他們。席間閒談，寶雲表示希望 9 月份前往日本訪問。當日下午，大山巖一行人前往跑馬地的馬場，剛好有賽馬進行，一同前往的除了港督及他的夫人、女兒外，還包括陸軍司令官沙約翰，以及法國海軍司令米亞。

香港總督府旁邊就是香港花園，一直受到各地旅客歡迎的山頂纜車站亦在附近。我們沒有資訊顯示大山巖是否曾前往花園參觀，但卻可以肯定他們前往的馬場旁邊的墓地，正正就是小阪千尋為湯川溫作尋得的安眠之地。即使到了今天，其地理位置依然一樣。

2 月 24 日是星期日，大山巖一行人前往市中心參觀，並光

顧了當地著名的食肆、位於皇后大道中的杏花樓。杏花樓在當時是非常著名的食肆，筆者曾經研究過餐牌，蔬菜肉類式式俱備。當天大快朵頤的計上大山巖共有八人，當中也包括小阪千尋。大山巖評價菜品味道可口。大山的夫人捨松曾經說過，丈夫喜愛牛肉，更愛紅酒。偏好濃郁味道的大山巖，對於跟傳統清淡日本料理風味絕對不一樣的杏花樓菜式感到滿意，這評價似乎可信程度極高。

之後一天，大山巖等人馬不停蹄前往拜訪沙約翰司令官，還前往參觀練兵活動。和英國的將校以及總督副官等人吃過午餐後，又前往司令官邸觀看舞會。晚上，寶雲款待了大山巖以及另外幾位中將少將、町田實一代理領事，以及平部書記官。除了英國官員外，同場還有法國海軍司令、比利時船長、美國領事、香港銀行總經理等等。當中還有一位華人，他就是議政局議員洪鑫。吃過豐富的晚餐後各人休息充足，2 月 26 日上午 11 點，大山巖一行人乘坐法國郵輪沙普恩號繼續前往歐洲。

大山巖在香港時曾經寫下一封信件給伊藤博文及西鄉從道，懇請他們在港督寶雲前往日本旅行時好好接待，給予和之前的港督軒尼詩（John Pope Hennessy）同等待遇。信件日期為明治十七年 2 月 24 日，正正就是杏花樓飯局當天。

半年後，港督寶雲一行人原本預定 9 月 13 日乘坐英國郵輪特赫蘭號出發，由於天氣問題最終改於 9 月 15 日前往神戶。除了寶雲外，同行還有香港上海銀行經理、兩名秘書，以及三名隨從，共計七人。根據 1885 年 1 月 16 日 "The Brisbane Courier" 裏面的港督日本旅遊文章指出，在東京期間他們曾經前往日光，並享受過「足之湯」（估計是足浴）。至於在關西的遊蹤，外務省鍋島桂次郎的出差報告書中有詳細的紀錄：在京都他們參觀了御所、北野神社、祇園中村屋、西陣織工場和金閣寺等，比較值

大山嚴像（圖片由孫實秀先生提供）

得一提的是西本願寺有懂得英語名為赤松之人說明解釋，令寶雲非常高興。這位赤松很有可能就是大谷光瑞的父親曾經派遣到英國留學、後來在佛教西傳立下功勞的赤松連城。除了京都之外，他們還到了奈良、宇治、大阪、琵琶湖、神戶的有馬溫泉。

11月2日是寶雲生日，隨行的鍋島桂次郎舉杯向其祝賀時，寶雲也舉杯回敬：「請稍候一下，明天是貴國天皇陛下生日，我先祝福天皇陛下。」日本與英國的友好外交關係，在日本人到訪香港時受到的款待，以及後續發生的事情可見一斑。至於大山巖在香港千叮萬囑的事情，最終也完美畫上句點。

	所屬地區	景點	官網
旅遊資訊	東京都	**九段坂公園大山巖像** 千代田区九段南 2-2-18	
	栃木縣	**大山巖別邸** 栃木県下永田 4-3-52	
		大山巖墓所 那須塩原市下永田 1 丁目	http://www.city.nasushiobara.lg.jp/
	鹿兒島縣	**大山巖誕生地** 鹿児島市加治屋町 4-18	

03

東鄉平八郎

惜乘天城艦途經香江的
演上皇者

Tōgō Heihachirō

❀ 東鄉平八郎小傳

位於日本神奈川縣橫須賀市的三笠公園，平靜的湖面上停泊着「世界三大紀念艦」之一的三笠。本來日本在二戰戰敗後，蘇聯堅持要把戰艦破壞一雪前恥，但後來在 1961 年經過日本官民努力下再被修復，以歷史文物姿態保存至今。

展覽旁邊的草地上，佇立着薩摩藩的海軍大將東鄉平八郎的銅像，紀念 1905 年「皇國興廢在此一戰，各員一層奮勵努力」的日俄戰爭（又稱日露戰爭）。

說起東鄉平八郎，很多人會馬上聯想起明代心學的代表思想家──王陽明。傳說東鄉平八郎的腰牌上刻着「一生伏首拜陽明」，但目前還沒有真憑實據。與乃木希典齊名的軍神得到王陽明的啟發這種說法，只能當是逸話美談。

東鄉平八郎在日本是無人不識的民族英雄，走在鹿兒島的街

BATTLESHIP "MIKASA," THE FLAGSHIP OF ADMIRAL TOGO.

軍艦三笠

戰艦三笠

頭了難看到前往他出生地的告示牌；為了紀念他的事蹟，漬在美國德克薩斯州太平洋戰爭國家博物館中的和平花園，也留有他的名字。

東鄉平八郎父親東鄉實友對海軍非常熱心，深深影響了東鄉平八郎的少年時代。1863 年，東鄉平八郎從軍薩摩藩，往後又參加了薩英戰爭和戊辰戰爭。1871 至 1878 年到英國留學，曾經在不同的學府學習。

明治年間的日本人在未出國留學前，英語的水平一般不怎麼樣。但是東鄉平八郎的老師曾經指出，雖然東鄉平八郎性格寡言，卻富有熱情和求知慾。在學習天分方面，數理比語言要優秀，而英文比起數學又相對更出色。

明治初年，日本陸軍學習法國制式、海軍則追隨英國規範。早在 1869 年山縣有朋及西鄉從道已抵達歐洲，大山巖及品川彌二郎亦曾前往視察普法戰爭。後來，日本政府決意把海軍學生送往英國及美國學習。前往美國的包括有馬幹太郎等四名學生，前往英國的連同東鄉平八郎共有十二名學生。

1871 年 5 月 2 日，東鄉平八郎乘搭英國商船 Eidon 從橫濱前往香港，再經新加坡前往英國。根據在東鄉神社內的兩本留英日記記錄，東鄉平八郎在英國熱心向學，涉獵的科目除了英語之外還包括會計、天文學、航海術、炮術；至於讀過的書籍，根據東鄉文庫記錄，有英國史、美國史、羅馬史、美國憲法、政治經濟學、文明史兩卷、地理學兩冊，少不免還有些科學書。

在東鄉平八郎留學英國時的日記中，還會發現一些未來在日本歷史上舉足輕重的重要人物，從而窺探他的社交圈子。在英國留學時，東鄉平八郎來往的主要對象為日本留學生，比較出名的有如伊藤博文、木户孝允，均為明治年間政界和軍隊的重要人物。

東鄉平八郎

東鄉平八郎像（圖片由孫實秀先生提供）

陳丁在留學時期在英國停留了□□□八年之久，1011 年東鄉平八郎跟乃木希典乘搭賀茂丸同行，再次前往倫敦，目的是參加英皇佐治五世的加冕儀式。

「軍神」崛起的歷史背景是海上情況並不穩定的年代。

1870 年代開始，日本政府積極訓練海軍陸軍，以擴大國際勢力，進一步侵略中國和朝鮮。作為「軍神」，東鄉平八郎其中一件膾炙人口的事蹟就是於 1894 年甲午戰爭前夕，以日本海軍浪速號艦長的身份，擊沉清朝的運兵船高陞號。

甲午戰爭的背景是十九世紀末期，朝鮮政府請清國政府幫忙鎮壓內亂，日本趁機出兵。內亂完結後，清政府準備退兵並要求日本也退兵，日本不從並挑起武裝衝突，企圖以武力控制朝鮮。清政府於是派出新式訓練海軍北洋水師迎戰，其中高陞號為政府僱用為運送士兵的運兵船，本來隸屬英國怡和洋行。清政府聲稱日本在沒有宣戰下發炮將之擊沉，船上大部分士兵殉職，只有英國籍船長、德國籍顧問及少量船員獲救。

甲午戰爭之後十年，奠定日本國際地位的日俄戰爭爆發。東鄉平八郎在戰役中擔任日本聯合艦隊司令官，在對馬海峽海戰中大敗俄國海軍。

1905 年，東鄉平八郎被任命為海軍軍令部部長兼海軍將官會議議員，成為日本海軍第四任首腦；1913 年被賜予元帥稱號，權傾天下。

明治維新的元老級人馬，為數不少都出身自薩摩藩。叱咤海洋的東鄉平八郎跟陸上雄獅大山巖同藩，時人稱為「陸上大山、海上東鄉」，傳為一時佳話。

當時歐洲各國對於在中國土地上日俄交戰的戰果拭目以待，最終由日本成功打敗傳統西歐國家俄國，拿到晉級世界列強寶座的入場券。

海上東鄉、陸上大山與明治天皇

東鄉平八郎享壽八十六歲，死後如同乃木希典一樣，世人為他設立東鄉神社。一代大將，名垂千古。

❀ 東鄉平八郎訪港：1884 年 9 月 19 日～ 10 月 3 日、1911 年 4 月 24 ～ 26 日

在飛機尚未普及的年代，海洋上面有各種各樣的軍艦和輪船。除了軍事需要，船隻作為交通媒介同樣不可或缺。東鄉平八郎作為明治年間的海軍大將，畢生花在海洋上的時間遠遠超過一般日本平民百姓。無論是前往留學、巡防，抑或是外交活動，都曾經路過香港。

在留學日記中提到，在 1871 年 5 月 2 日，二十二歲的東鄉平八郎乘搭英國商船 Eidon 從橫濱前往香港，再經新加坡前往英國。可是這一年的日記當中，並未發現與香港有關的記載。

到了 1884 年，終於有東鄉平八郎以艦長身分乘搭天城軍艦抵達香港的紀錄。當年東鄉平八郎三十六歲。5 月他因為生病，於是前往長崎靜養，天城也停留在當地。康復後，東鄉平八郎於 6 月前往上海。原本預計天城會和長江一帶的巡航艦扶桑一同出發，可是由於東鄉平八郎的病所以分開行動。天城最終於 9 月 19 日進入香港。

有關天城軍艦上大約一百五十名士官士兵在香港的情形，我們並不清楚。但我們知道天城在香港停留到 10 月 3 日，並且於上午 9 點前往台灣雞龍（今基隆）。

在東鄉平八郎的天城離開香港後個半月左右的 11 月 17 日，戊辰戰爭時同待在春日丸的伊東祐亨也和松村淳藏的軍艦扶桑從上海巡行到長江一帶，從廈門起航後抵達香港。他們來到香港後跟日本領事町田實一見面，並且共同前往廣東訪問，後來還接受港督的晚宴招待。這次他們在香港逗留至 12 月 3 日。

至於東鄉平八郎 1884 年在香港的半個月期間，正值港督前往日本神戶、東京、京都以及奈良旅行，時間剛好錯開。要是他們共同出發的話，大約東鄉平八郎也會跟港督成功見面吧！

1911 年再次有東鄉平八郎來到香港的活動紀錄，當時他已經六十三歲。

由於英皇佐治五世在西敏寺舉行加冕儀式，日本政府派遣以東伏見宮伊仁親王王妃為首的官方代表團隊前往倫敦道賀。伊仁親王少年時期曾經在英國留學，後來前往法國。除東鄉平八郎外，隨行的還有當時軍銜為軍事參議官陸軍大將乃木希典。他們一行人於 4 月 12 日從橫濱出發，經上海於 24 日抵達香港。由

山頂酒店（圖片由張順光先生提供）

於他們這次探訪目的地是英國，作為殖民地的香港亦慎重其事。
港督盧吉、香港駐軍司令安達臣中將、港務長官戴爾上校都派遣
副官向伊仁親王表達敬意。當時駐香港的日本總領事船津辰一
郎、日本郵船的楠木武俊，以及其他香港知名的約二十多位日本
人都來到船艦謁見。其後駐廣州的細野中佐亦前來拜會，還跟領
事商議當日行程。

午餐後，東鄉平八郎等一行人登陸香港市區，體驗坐轎子；
後來又從公園旁邊的車站乘搭纜車登上山頂參觀。隨後休憩於山
頂酒店，品嚐親王賜予的茶品與糕點，稍作休息後一行人再乘搭
纜車下山，到香港花園散步。這個香港花園正正就是現時纜車站
旁邊的香港動植物公園，當時已經有各種植物。散步之後，親王
王妃隨同領事前往官邸。乃木希典跟東鄉平八郎則前往位於擺花
街的日本人俱樂部，跟住在香港的日本居民見面。

位於擺花街的日本人俱樂部於 1909 年 4 月正式成立，他們

招收居住香港的日本人中有地位者作會員，並以他們的壽款以及捐獻營運。根據紀錄，當日活動時間是 4 月 24 日的下午 3 點 30 分。日本人俱樂部的會員們為了邀請兩位大將揮毫留念，還特地準備了絹和筆墨等書寫工具。在一片盛情下，兩人唯有動筆。東鄉平八郎在香港留下的墨寶為「開發知能」。兩位大將亦馬上捐贈資金以助俱樂部的發展。跟眾人在俱樂部門前拍照留念後，東鄉平八郎及乃木希典在 6 點前就離開返回領事館了。

以上有關東鄉平八郎 1911 年在香港的紀錄，都記錄在乃木希典的全集當中。可惜他們在日本人俱樂部留下來的墨寶以及相片，現在都無法找到。後人只能透過文字紀錄，去想像當時的空前盛況。

旅遊資訊	所屬地區	景點	官網
	東京都	**東鄉神社** 渋谷区神宮前 1-5-3	https://togojinja.or.jp
		東鄉平八郎墓 **多磨靈園** 府中市多磨町 4-6-28	
		東鄉元帥記念公園	
	神奈川縣	**三笠艦** 須賀市稲岡町 82-19	https://www.kinenkan-mikasa.or.jp/
	鹿兒島縣	**東鄉平八郎誕生地** 鹿児島市加治屋町 11-24	

04

高橋是清

被刺殺的日本首相與
情通英語的香港人

Takahashi Korekiyo

❀ 高橋是清小傳

東京近郊武藏小金井駅附近除了有埋葬歷代日本名人的多摩靈園，還有兩國江戶東京博物館分館——保留舊建築的露天博物館「江戶東京たてもの園」。當中一間被國家重點保育的建築是「達磨宰相」、第七屆日本銀行總裁高橋是清官邸。

高橋是清在「二二六事件」中被兵變陸軍士兵於家中暗殺。在岡田啟介內閣任大藏大臣時，高橋是清由於反對為了擴軍而增加財政支出，被日本陸軍仇恨，埋下悲劇的種子。「成也戰爭、敗也戰爭」或許最適合用來形容高橋是清波濤萬丈的一生。NHK 電視台曾經以他為題材，拍下日劇《經世濟民的男人》。

高橋是清出生於 1854 年的江戶，父親名叫川村庄右衛門，是幕府御用畫師。出生後不久，他便成為家中沒有孩子的仙台藩足輕[1]高橋覺治的養子。童年的高橋是清由養祖母撫育。十歲時，他在橫濱跟隨《和英語林集成》字典的作者赫本（J. C. Hepburn）學習英語。高橋是清的英語班是後來的明治學院大學的前身。

1867 年，在仙台藩安排下，高橋是清前往美國留學，同期的還有勝海舟之子勝小鹿。高橋是清最初寄宿在美國人家庭，可是不幸在簽約時候被騙，被當成奴隸轉賣到農場主人的家過着不自由的生活。

在美國只過了短短一年，日本國內卻發生了翻天覆地的變化。高橋是清在美國得知日本政治形勢後，決心回國。他透過日

1　足輕（あしがる），日語漢字「足輕」。在日本平安時代（794-1185）至江戶時代（1603-1868）的步卒雜兵。在大規模戰役盛行的戰國時代（1467-1590），足輕會學習長槍、弓箭、鐵炮等作戰技術，是主力作戰的部隊。

本領事斡旋，成功廢除奴隸契約踏上歸途。雖然在美國陷入困境，但英語的能力卻進步神速，為未來踏足金融以及政治舞台奠定堅實基礎。

剛回到日本的高橋是清做過很多工作，當中最能發揮語言能力的是英語教授一職。他曾經在九州唐津擔當英語學校的老師。他有感國家未來發展需要出色英語人才，無論是青年或長者，國民的英語能力都必須增強。高橋是清帶領學生到岸邊，讓他們跟外國船上的船員作直接語言學習交流。透過生活化的學習模式，既提高學生的英語水平，同時讓日本國民與外國國民直接接觸，促使外國語言文化的交流。

高橋是清在公立學校開始教學生涯，這間學校就是現在的開成高校。他是第一任的校長，他的學生中不乏明治時代中的閃爍明星，例如詩人正岡子規、軍人秋山真之。

在教育界作育英才後，高橋是清成為日本商標登陸所第一任所長；專利條例通過後又成為所長。為了進修商標以及專利的制度和組織的相關知識，1884 年高橋是清再次前往歐美。這次的行程途經美國到英國再去德國，相傳他曾經在漢堡的農場品嚐啤酒。

當以為一切穩定下來，視察歐美諸國後的高橋是清在前輩前田正名建議下，毅然放棄穩定的工作，前往秘魯經營銀礦山。可是到達當地後發現被欺騙，礦山已被廢棄。前田正名後來又介紹高橋是清到日本銀行做建築相關工程的負責人。由於在工作過程中領導有方，令到工時縮短、效率大為提升，隨即被收攬為銀行一員。

日俄戰爭開始時，高橋是清以日本銀行副總裁身份兼任駐英財務官，跟秘書遠赴英國，為戰爭進行公開籌款，籌備軍費。雖然輿論相信傳統歐洲大國俄國不會戰敗，但是 Kuhn Loeb &

Co. 以及銀行家雅各布・希夫（Jacob Henry Schiff）依然願意伸出援手，購入巨額國債。後來，明治天皇向雅各布・希夫頒發勳一等旭日大綬章。透過高橋是清的努力，日本終於為日俄戰爭籌備足夠軍費。戰爭完結後，他被選為貴族院議員，戰爭期間的國債事件還讓他得到男爵的爵位。

　　經歷甲午戰爭和日俄戰爭後的日本，雖然在國際社會吐氣揚眉，外交上威風八面，但內政方面卻甚為混亂。高橋是清在1911 年成為日本銀行總裁，並於五十九歲踏足政界。雖然政局風雲暗湧不定，高橋是清仍然多次因為出色的外交及政治手腕、金融方面的卓越才能得到賞識。在他人生中曾經六度擔任財政部部長。除此以外，他還是第二十代的內閣總理大臣。只不過，高橋內閣因無法協調內閣內部意見，半年便全體辭職。

　　經歷過關東大地震以及世界各地不景氣，日本亦無可避免陷入經濟衰退之中，工廠不斷倒閉，銀行入不敷出。高橋是清盡力以自身經驗和手腕，挽救岌岌可危的日本經濟。作為財政部長，他提出為了平抑因天災、恐慌引起的金融危機，採取允許債務人延期還款、限制提現等措施，拯救日本渡過經濟危機。

　　雖然日本國內經濟危機暫且得到緩和，但高橋是清對軍事擴張導致的經濟紊亂極為憂心。兩次戰爭的勝利讓日本舉國上下軍人意氣風發，國內依然瀰漫着戰爭思想。九一八事變發生後，為了增添軍隊收入作戰爭準備，軍隊要求高橋是清使用國債籌款。只是這一次，高橋是清拒絕了。

　　高橋拒絕為戰爭籌款令軍隊反感，惹來無法想像的嚴重後果，直接讓他的人生步向終點。在「二二六事件」中，八十三歲高齡的高橋是清於家中被暗殺。小金井的居民說，當年兇手先開槍再斬上幾刀，不把老人置諸死地不罷休。現時走入官邸看見案發現場，不禁唏噓高橋是清從社會底層爬到日本榮耀的頂峰戲劇

化的一生。

　　現時東京都中央區，1896 年建成的日本銀行本店經過百多年的風霜依然耀目。這幢西洋風格建築物的設計師，就是曾經跟高橋是清學習英文的學生、明治時代的著名建築師辰野金吾。

　　印有高橋是清的五十日圓紙幣雖然不再在市面流通，但日本人民對高橋是清卻是永誌不忘。

❀ 高橋是清訪港：1898 年 3 月 10 ～ 19 日

　　1898 年 1 月，高橋是清剛剛接任橫濱正金銀行副總裁不久，便計劃出訪歐洲。正金銀行早在 1884 年已經在倫敦設立分公司，高橋此行目的除了視察銀行在海外的業務，亦要實地調查當地金融相關事宜。

　　出發前，財政部長井上馨委託高橋籌備外債，行程因而推遲了將近一個月。終於在 2 月 14 日，他從長崎出發前往上海。到達上海的日子是 2 月 17 日，除了有正金銀行的負責人出來相迎，又跟盛宣懷見過幾次面。之後幾天他還見過郵船、領事、三井物產相關的人員，最後於 3 月 8 日離開上海。

　　3 月 10 日夜晚 11 點，高橋是清乘搭相信是法國郵輪公司旗下的納泰爾號抵達香港。第二天清晨正金銀行分行的職員接待他們到位於德輔道中、畢打街與皇后大道中交界的香港酒店。在香港酒店，他收到來自日本銀行河上謹一的電報。

　　到達香港當日他們到正金銀行分行檢查及聽取各種彙報，高橋是清得悉情報人員需求增加，加上香港上海銀行推出的銀元

Stamped Dollar 銷路甚佳，於是決定想辦法蒐集日本銀元，同時設法從倫敦及日本購入銀塊。

3 月 11 日的晚宴上，高橋認識了香港一位知名的經紀名叫史超活。根據這位經紀說，香港的報章以及電報頻頻報道日本和俄國最終少不免會發生衝突，戰爭恐怕為期不遠。在港逗留期間，高橋是清以及同行人士跟居港的日本人、中國以及英國有勢力的人士都有往來，吃了很多頓飯。

有天，正金銀行分行的買辦招待他們到一間中國人的俱樂部，同席不少華人紳商均能夠操流利英語。由於高橋是清少年期間曾在美國逗留過，英語正是他的專長。香港的華人和他能夠透過英語直接交談，彼此渡過愉快的晚餐聚會。筆者估計，這間俱樂部有可能是 1897 年何東成立的華商會所。

為什麼來自日本的高橋是清會參加俱樂部的活動呢？原來俱樂部的成員據稱是香港屈指可數的大地主，他的外甥曾經受僱於正金銀行分行，因而結下緣分。透過這件事，高橋是清認識到為了業務而挑選品格優良、出身門第世家的年輕當地人擔當公司職位，對於公司正常業務之外，也有各種益處。

從高橋是清對在香港遇見的銀行界華籍人士英語的表揚，可以見出殖民地政府在英語教育方面的成果。香港開埠初期，政府缺乏資金人才，教育方面主要由宗教團體支撐，例如第一間在香港辦學的是已在澳門扎根的馬禮遜教育協會。教會成立學校的目的除了推廣教育，更重要是培訓神職人員以及傳教。

1840 年代末，香港政府已經開始介入並管理本地教育，例如設立皇家書館（即官立學校）等，但直至 1865 年才成立專門管理教育的教育司署。除了英式教育之外，本地原本的私塾亦納入其管轄範圍。到港督軒尼詩上任後，本地及教會辦理的學校得到推廣，長期以來香港教育透過宗教團體支撐的局面終於得到

改善。在軒尼詩推廣英文教育下，高橋是清到訪香港前兩年的 1896 年，香港的英文書院總數已達到一百零一間。

雖然說香港十九世紀開始引入西方教育，本來亦有中式的私塾，但二十世紀初的研究指出當時還有七成兒童及青少年未能接受教育。一來殖民地政府沒有足夠金錢，二來依然有不少華人抗拒接受西方教育。高橋是清所遇到操流利英語的香港人，大約是社會上少數的精英階層吧。

到了 3 月 17 日，日本銀行的代表河上謹一以及他的代表團隊一行人乘搭本格奧爾號抵達香港，高橋是清等人隨即跟他們會合，在 3 月 19 日離開香港，五天後抵達新加坡，繼續行程。

	所屬地區	景點	官網
旅遊資訊	東京都	**高橋是清邸** **江戶東京たてもの園** 小金井市桜町 3-7-1	https://www.tatemonoen.jp
		高橋是清翁記念公園 港区赤坂 7-3-39	
		高橋是清墓 **多磨靈園** 府中市多磨町 4-628	

日本洋畫家筆下的
維多利亞港

黑田清輝

❀ 黑田清輝小傳

在東京都上野恩賜公園旁邊有一座小小的美術館，名字叫「黑田紀念館」。它是紀念日本史上第一位繪畫女性裸體人像油畫的畫家——黑田清輝的美術館，同時也是依照其本人的遺言開設的博物館。

黑田清輝出生於 1866 年，老家是現在鹿兒島縣鹿兒島市，父親是薩摩藩藩士黑田清兼。黑田清輝在六歲的時候便離開家鄉上京，成為伯父黑田清綱子爵的養子。少年的他學過鉛筆畫和水彩畫，曾經在築地英學校及東京外國語學校讀書。

黑田清輝作為畫家，身體力行投入美術創作相關教育活動；他同時也是一位美術行政家，擔任過貴族院議員以及帝國美術學院院長。在二十世紀初近代日本美術界舉足輕重。

明治年代的西洋畫革新風氣如雨後春筍，經過不同的畫家傳入日本。除了繪畫風格技巧方面，嶄新的思潮對日本當代整個文化、藝術界亦有深遠的影響。

最初立志學習西方法律知識的黑田清輝在十七歲時以法國為目的地，於 1884 年從橫濱啟航，展開留學生涯。在法國，他遇到工部省留學生藤雅三。在他的介紹下，黑田清輝在美術館裏看到未來的恩師、法國畫家拉斐爾·科蘭（Louis-Joseph-Raphael）的作品「花月」並大受感動，從此改變了人生志向。後來透過藤雅三幫忙翻譯，黑田清輝拜見了拉斐爾·科蘭，決定放棄法律課程，執筆學習西洋繪畫。

有關從主修法律轉移到執筆畫畫的理由，黑田清輝在寫給父親的書信中是這麼說的：

黑田清輝美術館

黑田清輝誕生地（圖片由孫實秀先生提供）

　　本來我打算學習法律，但現在還只學了語言。想到將來的事情，有感現在世界上已經有太多的法律家，學了法律方面的學問回國也不過了了……我現在決心跟隨自己的天性喜好，斷然決定在繪畫方面學習。

　　在十九世紀中葉之前，風景畫一般以室外題材的風景作為素材並在畫室創作。色彩容易被固有的概念束縛，一般多使用深沉的茶褐色調。後來，歐洲各國陸續出現以清新明亮的自然光線與鮮活的色彩變化去創作的畫家，當中有些畫家還會在戶外創作。這些畫家被稱為「外光派」。

　　在長達九年的法國格雷留學生活中，黑田清輝學習到印象派視覺藝術繪畫光亮明快的作畫技巧，創作了不少印象派作品，包括日本繪畫史上最早的油彩裸體作品「朝妝」。這是他在駐巴黎的日本大使野村靖的居所繪畫的作品。黑田清輝這些裸體畫作在日本引起很大的文化衝擊，京都街頭甚至有群眾發起「裸體美人攻擊政談大演說會」。對於當時的日本人來說，裸體繪畫並不是藝術，而是猥瑣的事物。

　　1893 年回國後，黑田清輝把在法國拜師學藝所學到的「外光表現」手法傳入日本之餘，更引伸解讀這種手法的理念——個人自由發揮與多樣性的藝術精神，這種精神對各種文學藝術創作都起了正面的作用。

　　拉斐爾·科蘭的門生除了黑田清輝之外，還包括其他明治初期在日本西洋繪畫創作中舉足輕重的畫家，他們分別是岡田三郎助和久米桂一郎。

　　回到日本後，黑田清輝聯同以上的畫家在 1896 年共同創立了「白馬會」。在當時社會，為了和之前的風格顯示分歧，他們被稱為「新派」；而屬於白馬會的畫家，有時又會被稱呼為「外光派」。

以黑田清輝為代表的畫家，用透過滿滿的明快畫風表達物品質感的印象派視覺手法，成功抓住明治時代日本年輕畫家們的心靈，因此黑田清輝在當時日本畫壇的地位實在毋庸置疑。

為了在日本推廣外光派，黑田清輝在同年創校的東京美術學校（The Tokyo Art School）西洋畫科全面展開繪畫教育的指導工作，教育日本畫師們創作理念及繪畫技巧。透過白馬會以及東京美術學校，黑田清輝為日本近代美術界培育了不少後進，他本人亦逐漸成為當代日本美術界的中心人物。然而，白馬會並沒有一直延續下去。在 1910 年解散後，會員包括中澤弘光、杉浦非水等人再次聯合結社，名曰「光風會」。

黑田清輝的人生裏不可或缺的還有第二次法國留學，當時是 1900 年。日本以甲午戰爭勝利者姿態躋身強國之列，出展巴黎世界博覽會。黑田清輝在巴黎出展兼奪得亞軍的作品是最初留學回國之後，在日本創作的裸體畫三部曲「智・感・情」。這是以日本女性為模特兒的作品。除了黑田清輝外，巴黎世界博覽會期間亦有其他日本人活躍其中，當中包括曾經跟夏目漱石一同參加的日本畫家淺井忠。在夏目漱石《三四郎》小說中曾經出現的畫家，據說就是以淺井忠為原型。

黑田清輝因研究美術相關的制度第二次留學法國，1901 年與淺井忠等法國留學生在法國創立《Pantheon 會雜誌》，內容包括美術、法律、建築、歷史等不同的題材，受到當時日本年輕精英們的歡迎。這本雜誌對於了解十九世紀末、二十世紀初的日本留學生在法國以及歐洲的生活有非常重要的歷史價值。

作為畫家，黑田清輝除了外光表達手法之外，還開拓了古典主義的「構想畫」（Grand Composition）繪畫技巧，為日本移植了真正的西洋繪畫思想。透過他的努力，拉斐爾・科蘭派的美術風格從此植根日本。在繪畫風格上，黑田清輝和比他年長十歲的

淺井忠截然不同。後來跟「白馬會」在畫壇爭一日長短的，正正就是以黑田清輝第二次法國留學的同期淺井忠為中心的「明治美術會」。

晚年的黑田清輝，在繪畫製作之外，在文部省美術展等亦有頻密的活動紀錄，後來還擔任貴族院議員；到了後期，他更接替森鷗外擔當帝國美術院院長，作為行政人士活躍於美術領域，無論在明治時代的美術以至行政方面都有出色的成績。

❀ 黑田清輝訪港：1884 年 2 月 8 日、 1900 年 6 月 2 ～ 4 日、1901 年 5 月

黑田清輝兩次遠赴歐洲，均有經過香港。從十八歲的少年到三十四歲的青年，兩次行程都記錄在他的日記以及寫給家人的信件中。

1884 年 2 月 8 日早上 7 時，十八歲的少年黑田清輝乘搭的船隻抵達香港，陪伴黑田清輝渡過船上中等艙旅程的人名叫直右衛門。到達香港後，領事館的平都為他們帶路到香港酒店，當晚還款待他們吃日本料理，令黑田清輝慨嘆在香港要享用日本之物並無不便。在他眼中，香港雖然只比自己老家鹿兒島的櫻島要大，卻是美麗的市街，樓宇有三四層，主要都是斜坡；他還看見港口有法國軍艦停泊。

2 月 9 日那天下午 4 時許，黑田清輝跟同行的橋口前往墳場。路上看見運動場、馬場，還有漂亮的房屋，如同在文明國家遊玩。由於當日是星期六，運動場有民眾遊戲，還看到樂隊演

奏，令他感到心情暢快。沿途樹木繁盛，樹根如同蜘蛛網向四方伸展，配合兩邊的市街以及斜坡等等，深感景色優美。墳場就在馬場附近，黑田清輝認為風格跟日本的公園相似，各種奇花異卉並列，松樹柑樹尤美。當晚他跟住在香港的陸軍三浦共晉晚膳，席間意外發生被當成華人的事件，於是為此澄清身份國籍。

1900 年，三十四歲的青年黑田清輝為了研究繪畫教授方法，到法國留學一年，5 月 25 日從東京出發，他乘搭法國的輪船薩拉迪號於 6 月 2 日夜晚抵達香港，6 月 4 日離開。這次黑田清輝除了文字紀錄，還繪畫了香港港口風景的油畫，題名「香港」。

6 月 2 日，香港步入初夏。31 度的下午最初微微降雨，不久就大雨傾盆。晚上 9 時薩拉迪號泊岸，日本人和在日本長大的人齊集在甲板上。

6 月 3 日時晴時陰，黑田清輝跟農商務陳列所所長佐藤顯理、日本美術院的岡崎雪聲等前往東洋館找平山周。在平山周推薦下，他們去到位於華人社區的擺花街日本料理二見屋。在黑田清輝眼中，雖然香港大部分房子都很美觀，但只限於外表，雜亂的房舍依然很多，就好像這邊五層左右的樓房，其衛生情況就不太理想，爆發鼠疫時這裏聽說曾經也是中心地帶。

黑田清輝用餐的二見屋有幾位來自九州長崎一

黑田清輝筆下的香港

帶的女性侍應，她們身上穿着略嫌骯髒的和式蓋頭衣物，負責端菜上飯。除了解暑用的檸檬水、冰塊和柑，他還享用了豆腐味噌、竹筍松茸、玉子燒、蝦和木瓜的酸物。吃飽後到了號稱媲美「銀座通」的皇后大道看銀製的手工藝品，但卒無所獲。接着他們乘搭轎子到香港花園去，欣賞熱帶及其他地方的罕有植物，蓮花、鳳仙花、牽牛花、向日葵、繡球花都在綻放。黑田清輝作為美術家，特別留意到噴水池旁邊堅尼地總督的銅像。他指出這是居英意大利雕塑家馬里奧・拉基（Mario Raggi）在倫敦創作的作品，還稱讚同為拉基的作品——海邊的維多利亞女皇銅像極為精美，慨嘆日本至低限度也應該要有這種藝術水平。

有關交通方面，他留意到在香港乘搭轎子時，乘客一般先不議價，到達後才酌量給予車費。付錢時總會被車夫抱怨給得太少，但乘客根本毋須理會，直接離去便可。在上海碰到這種情況乘客一定會直接痛打下去，被毆打下車夫便會默默離開。黑田清輝說他聽聞香港有法例禁止打人，可是依然會看到巡捕使勁地抽打的情況。

當天夜晚，他跟其他日本人前往領事館與日本領事上野季三郎會面。之後便結束在香港的旅程，乘坐郵船公司的小汽船回到船上，預備再次啟航。

這次法國留學旅程完結後，1901 年黑田清輝回日本途中又再經過香港。5 月的香港氣溫 27 度，同樣下着雨。他在夜

位於香港維多利亞公園的女皇銅像

晚前往日本人居住的地區，投宿於野村五郎的野村樓。在離開香港前，又專程前往惠良照相館跟同行日本人合照留念。

　　這樣算起上來，黑田清輝在香港留下的足跡還真不少呢。

黑田清輝（左）與其弟子山下兼秀（右）像（圖片由孫實秀先生提供）

	所屬地區	景點	官網
旅遊資訊	東京都	**黑田清輝美術館** 台東区上野公園 13-9 東京国立博物館	https://www.tnm.jp
		黑田清輝旧居跡 千代田区平河町 2-6-3	
		黑田清輝墓誌及び副葬品 **港区立郷土歴史館** 港区白金区 4-6-2 ゆかしの杜	https://www.minato-rekishi.com

大谷光瑞

Ōtani Kōzui

✿ 大谷光瑞小傳

1979 年日本放送協會（NHK）成為世界上首隊深入絲綢之路採訪拍攝的外國媒體，八十年代初香港無綫電視台轉播相關紀錄片，配上喜多郎的優美音樂，成功捕獲無數香港人的心。紀錄片裏提到王圓籙道士保管文物不力，敦煌莫高窟文物因而成為外國探險家的囊中物。據稱，這些珍寶主要到了英國的斯坦因、法國的伯希和、俄羅斯的奧登堡和日本的大谷光瑞手中。

歐洲的敦煌莫高窟文物分藏於各國的博物館，而日本代表大谷光瑞的珍寶則存放於旅順、首爾、東京，以及京都龍谷大學，旅順博物館展品櫃還是大谷光瑞當年專程訂做的。他先後寫下了《西域考古圖譜》及《新西域記》，為當時日本的敦煌學研究帶來衝擊。除了對歷史以及文化的熱愛，還因為大谷光瑞本來就出生佛門，父親是淨土真宗西本願寺大谷光尊明如上人。出生於1876 年的大谷光瑞在十歲時受戒剃度，法名鏡如上人。這位佛門弟子的人生並非純粹的青燈古佛，相反，無論在政治、經濟、歷史、宗教方面，他都有非常出眾的表現，堪稱奇人。

大谷光瑞幼承庭訓，攻讀漢籍並深諳中國歷史。除了身兼西本願寺第二十二代傳人及伯爵的貴族身份，他的髮妻更是大正天皇皇后節子的姐姐籌子。

親鸞上人創立的淨土真宗最初本山[1]為大谷本願寺，後來因內部繼承紛爭分拆，本寺東側另創的通稱「東本願寺」，原廟則稱「西本願寺」。大谷光瑞出生前的幕末，新選組曾在西本願寺

1　本山（ほんやま）。日本佛教特定宗派的寺院首府，亦稱「上方本寺」，通常是該宗派的中樞，用現代角度可稱為「總部」。本山因應不同宗派有不同的稱謂，例如總本山、大本山、別格本山等。

太鼓樓駐紮。史載織田信長討伐本願寺時，毛利家曾經運送兵糧，所以幕末時，西本願寺亦曾助長州一臂之力。

大谷光瑞一生足跡甚廣，1899 年和 1906 年兩次到中國遊歷考察。1899 年底，他赴歐遊學考察宗教，初抵倫敦時不但乘搭倫敦地鐵，又參觀聖保羅大教堂、海德公園、西敏寺、博物館等。旅歐期間他見到斯坦因（Marc Aurel Stein）、伯希和（Paul Pelliot）成果甚豐，決定在回程時前往中亞一探究竟，從而揭開日本中亞與西域考古學的序幕。

喜愛探險的大谷光瑞是英國皇家地理學會（Royal Geographical Society）院士，為了進行考古探險，他在 1901 至 1914 年間組成大谷探險隊，在古代西域絲綢之路一帶進行考古研究並取得重要成果。

西本願寺阿彌陀堂門（圖片由孫實秀先生提供）

　　大谷探險隊第一次旅程是 1902 年的 8 月 16 日，出發地為倫敦。他帶領本多惠隆、井上円弘、渡邊哲信和堀賢雄四人同行，發現了傳說中的靈鷲山。後來他們兵分兩路，又進入塔克拉瑪干沙漠、和田、庫車；旅程中遇上建築師伊東忠太，後來築地本願寺的設計就是由他操刀。在旅程期間，大谷光瑞父親去世，於是他臨時趕回日本繼承衣鉢。

　　大谷探險隊 1908 年從京都坐船到上海進行第二次探險，隊員包括野村榮三郎及橘瑞超。他們到過吐魯番，去過羅布泊湖和附近的樓蘭古城。在那裏他們發現了前涼王張駿部下——西域長史關內侯李柏的文書，對當時的書法狀況研究極為重要。

　　1911 年第三次大谷探險隊的隊員分別有吉川小一郎和橘瑞超。他們從王圓籙道士及其他人手裏購得敦煌寫本及相關文物，為未來的敦煌學研究提供了珍貴寶藏。

　　見多識廣的大谷光瑞除了在絲綢之路的發掘考古方面立下功勞，在二十世紀初的中國亦是舉足輕重的人物。1913 年他會見孫中山後，出任民國政府顧問。1935 年受台灣總督府拓務大臣所託，研究木材、砂糖、水產，以及製茶事業的發展。

　　除了台灣的經濟發展，大谷光瑞在日本國內政壇上也留下了雪泥鴻爪：他曾經在 1940 年間出任三屆日本近衛文麿內閣和小磯內閣的參議顧問，又在太平洋戰爭期間出任日本政府的「大東亞建設」審議會委員。

　　可惜最為人津津樂道的大谷探險隊只進行了三次考古探險，1914 年西本願寺就因為人力物力消耗過多，遇上財政危機。大谷光瑞只好放緩相關研究，並退下職位。第二次世界大戰之後，大谷光瑞患上膀胱癌，1947 年回到日本後，翌年病逝於溫泉勝地別府，享壽七十三歲。

　　1979 年 NHK 電視台攝製團隊成為史上第一隊深入絲綢之

踏上攝記錄片的隊伍，也是大谷光瑞為後世的日本人與敦煌學結下的緣分吧。

✿ 大谷光瑞訪港：1899 年 1 月 26 日～2 月 2 日

　　大谷光瑞一生外遊經驗豐富，無論是前往倫敦留學還是到絲綢之路探險發掘研究，都曾多次經過香港。第一次踏足香港的日子是 1899 年初，二十三歲的他跟九條道孝公爵女兒籌子還是新婚。該年 1 月 19 日，大谷光瑞以京都西本願寺住持身份，與教學參議部總裁武田篤初等一行九人到中國遊覽並巡視佈教情況。他們從神戶乘搭法國的輪船老撾號經上海後於 1 月 26 日星期四抵港。

　　離開香港後，他們的團隊分別到訪過廣州、天津、北京，並且跟李鴻章和喇嘛僧正會面，最後在 5 月 3 日返抵神戶。

　　大谷光瑞人生裏最早的香港遊歷經驗，記載於教學參議部編寫的《清國巡遊誌》當中。對於香港，誌中還留下一首五言律詩：

　　　峰巒三千尺，島在海濤中。雲閣倚山頂，月樓通水風。繫泊無危險，貿易極盛隆。嘆息南京約，割地與他邦。

　　到達香港的大谷光瑞，由日本領事館、三井物產以及橫濱正金銀行的負責人迎接。住宿在皇后大道中的溫莎酒店。

　　1 月 27 日，三井物產會社支店長跟大谷光瑞於早上會談

大谷光瑞

（香港憲兵隊檢閱濟）　　　登山電車

山頂纜車，攝於日佔時期。（圖片由張順光先生提供）

後，下午 9 時一同前往香港花園。香港花園於 1964 年建立，意念來源自 1854 至 1859 年間在任的香港總督寶靈爵士（John Bowring）。在大谷光瑞一行人眼中，這是一個馳名於世的花園，花園內包羅天下品種草木，無一不備。尤其是來自南洋的植物，美不勝收；亦有來自北方的花草，香氣襲人。他特別記錄了花園中間的噴水池，以及水池前香港第七任總督堅尼地爵士的銅像。本着親善心態來傳教的大谷光瑞當時大約不會想到，四十年後自己國家的軍隊會把這個銅像運到日本熔掉以製造兵器。

在公園遊覽後，大谷光瑞一行人去到聖約翰教堂參觀，然後在旁邊的纜車站乘搭纜車直達山頂。纜車的鐵路於 1888 年通車，車廂由兩條銅纜牽扯交替上下行，乘客可隨意在中途上車或下車。大谷光瑞一行人對英國亦有所認識，留意到此山用英國名稱，喚作維多利亞山，聳立於維多利亞城市街的後方。根據他們的紀錄，山上有兵營、旅館、商紳別墅。維多利亞山的風景非常漂亮，能夠清楚看到維多利亞港上停泊着的十多艘軍艦，包括英國軍艦鮑華夫號、百夫長號。明治維新年代強調富國強兵，英國的海軍實力舉世聞名，自然也讓他們一行人感慨英國能夠在東洋發展勢力絕非僥倖。由於碰巧當時德國的皇弟正在香港停留，他們還看到來自德國的軍艦。

第二天 1 月 28 日，大谷光瑞與另外兩名團員一同前往日本領事館探訪日本領事上野季三郎。下午，他們前往位於香港大會堂裏面的博物館、劇場、圖書館等。當時香港歷史博物館位於大會堂裏面，陳列品包括各種動物的皮革製品、貝殼、礦物、古錢，以及古代的武器等。根據紀錄，當時大會堂前有噴水池，由商人顛地捐贈。夜晚，一行人再次跟三井物產的長谷川共晉晚餐。

1 月 29 日是馬不停蹄的一天，領事上野季三郎帶領團隊

到九龍參觀。在他們眼中九龍道路平坦，市容頗為整齊，自從 1892 年煤氣公司成立，街燈已改用煤氣燈。印度士兵的營房在羅便臣道——後來這條羅便臣道改名為今日的彌敦道。外國人的房子主要集中在面對香港一帶的海旁，當中有著名的倉庫。西北方有一個名為昂船洲的小島，上面有兵營和火藥庫，任何人未獲批准是不能登島的。大谷光瑞今天一整天都跟領事館的人相處，晚上就在領事館吃飯。

馬不停蹄幾日之後，大谷光瑞休息了一整天，1 月 31 日星期二先接待多位來拜訪的日本人，然後就前往外國人墳場。根據大谷光瑞的紀錄，墳場在市區東面，外國人稱之為「Happy Vally」，也就是今日的跑馬地。這裏的墓地根據教派順序劃分，基督教、天主教、猶太教、回教各佔一隅。大谷光瑞認為基督教徒的墳墓整齊，中間又以噴水池裝飾，花草樹木四時繁茂。他感嘆西洋人對墓地的重視，日本人遠遠無法比較。他亦指出華人的墳場不在這裏，反而在摩星嶺的山邊。

前往墳場之後一天，大谷光瑞接待留在香港的日本人訪客。接着在 2 月 2 日的上午 8 時，他們的隊伍登上漢口號前往廣州。三井物產派出店員同行，讓他們增添不少方便。

當時還未前往倫敦的大谷光瑞，先在香港見識了英國殖民地的風情。而他在香港到訪的景點類型也跟英國的頗有相似之處：教堂、花園、博物館。透過他們的遊記，我們可以了解到 1867 年大火、1874 年巨型颱風，以及 1894 年的鼠疫，香港都在多次災難之中得到重生，不得不佩服英國人努力的成果。

話說早在明治年代，香港和大谷光瑞的老家——京都的西本願寺就有深厚的緣分。根據 1902 年 11 月 12 日發行的《中外日報》當中的文章〈英國香港與西本願寺〉記載，香港是東西文化交流及各種船泊集散的地方，因此各宗派都有嘗試到香港傳

教。其中西本願寺的高田栖岸就曾經在香港逗留一段時間，後來轉往澳門廣東等地。1924 年香港日報社《香港案內》當中有更詳細的說明。高田栖岸是 1900 年隻身來到香港，到了 1923 年，京都本山還斥資在灣仔路 117 號興建四層高的建築物作為傳教用途。機構跟香港日本人會、佛教婦人會、香港日本人小學、日本人俱樂部、日本人青年會等都有聯繫。根據香港日本人學校經營理事會事務局補佐兼書記樫村富士夫指出，學校是在 1907 年 11 月由灣仔本願寺布教所開設，名字就叫「香港本願寺小學校」，老師名為口羽義敬。大約過了兩年，學校改名為「香港日本人小學校」。可惜，即使搜尋以前的學校紀錄也不會看到「香港本願寺小學校」，有關的紀錄只有在《香港日本人學校沿革概要》裏面才能看到了。

半年之後的 1899 年的 12 月 3 日，大谷光瑞前往歐洲留學。他和同行的日野尊寶、渡邊哲信乘搭德國輪船亞伯特國王號從神戶出發，12 月 6 日抵達長崎，翌日到達上海。輪船在 12 月 8 日從上海出發、13 日又再經過香港。

當時的大谷光瑞大概還未意識到，1902 年 8 月他會決定從倫敦出發，展開以後絲綢之路的探險旅程，而他的名字則會永遠留在西域探險發展史中。

	所屬地區	景點	官網
旅遊資訊	東京都	**大谷光瑞收藏品** **東京国立博物館（東洋館）** 台東区上野公園 13-9	https://www.tnm.jp
	京都府	**西本願寺** 門京都市下京区本願寺門前町	https://www.hongwanji.or.jp
	大分縣	**大谷記念館** 別府市北浜 3-6-36	http://www.beppu-betsuin.jp/phone/ootanikinenkan-annai.html

07

夏目漱石

一位鬱鬱寡歡青年的

香江之旅

Natsume Sōseki

❀ 夏目漱石小傳

鄧麗君說：「月亮代表我的心」，你信嗎？

據說日本史上最廣為人知的小說家夏目漱石也曾經提出，要把英語「I love you」翻譯成日本語，最理想的方法，不是露骨地直道「我愛你」，而是透過讚美月亮傳達心意。

夏目漱石的名字，在日本可謂無人不曉。為了紀念他對日本的貢獻，1984 年發行的一千日圓紙幣上，就印刷了夏目漱石的肖像。

1868 年，明治至大正年代小說家的代表——夏目漱石出生於東京。除了小說家的身份，他同時也是時事評論家以及英文學者。代表作包括《我是貓》、《少爺》、《草枕》、《虞美人草》、《心》等等，百多年來被翻譯為多國語言，被譽為近代日本頂尖小說家之一。

夏目漱石，原名「夏目金之助」。自幼就喜歡漢學，會寫詩詞。後來他使用的名稱——漱石，即典出於《晉書》「漱石枕流」。青年時期就讀於東京帝國大學（今東京大學）英文學系的夏目漱石，在朋友俳句詩人正岡子規等人影響下開始嘗試寫作。畢業後，他分別到過愛媛縣及熊本縣執教鞭。這些經驗後來都記錄在小說《少爺》當中。

夏目漱石的健康並不理想，一生飽受身體的病痛以及精神上的折磨。除了身患肺結核之外，還有嚴重的神經衰弱和強迫症。1900 年，日本文部省命令夏目漱石前往倫敦，研究英語教育法。在倫敦留學期間，環境的轉變，令他的病情更趨嚴重。夏目漱石跟其他留英的日籍留學生日益疏遠，精神壓力下還給文部省發送空白的申報書。

年輕時代夏目漱石像（圖片由孫實秀先生提供）

1902 年，在同期前往歐洲留學的芳賀矢一探訪夏目漱石後，文部省流出了「夏目漱石發狂了」的傳言。同年 12 月，文部省命令夏目漱石迅速回國，同船還有留德的精神科醫生齋藤紀一陪伴，足證情況嚴重。

回到日本後的 1903 年，夏目漱石分別在第一高等學校以及東京帝國大學執教鞭。夏目漱石接手文學家小泉八雲的職位，在東京帝國大學擔任講師。由於風格跟小泉八雲迥異，大學生們起而批判夏目漱石，並發起了小泉八雲留任運動。同時間，夏目漱石被捲入第一高等學校學生藤村操的自殺事件，學校流傳着「夏目迫死藤村」的流言蜚語。各種職場壓力接踵而至，使夏目漱石多次陷入神經衰弱境地，亦曾跟太太鏡子短暫分居。

1904 年，夏目漱石轉職到明治大學任教，可惜身體狀況並未見起色。正岡子規的弟子、好友高濱虛子建議夏目漱石以寫作療養身心，他最後出版處女作《我是貓》，展開了作家生涯。

1907 年，夏目漱石進入朝日新聞社，放棄所有教職工作，繼續專心寫作。雖然同時面對肺結核、胃潰瘍、神經衰弱等疾病的多重打擊，他仍然寫下大量膾炙人口的作品，如 1910 年代的

夏目漱石熊本屋邸（圖片由孫實秀先生提供）

愛情三部曲系列：《三四郎》、《其後》、《門》等。

　　1916 年 12 月 9 日，夏目漱石在寫作《明暗》期間突然身體不適，在睡夢中病發過世，享年四十九歲。

❀ 夏目漱石香港旅程：1900 年 9 月 19 ～ 21 日

　　1900 年，三十二歲的日本青年夏目漱石，奉日本政府文部省之命前往英國倫敦研究英語教育法。這位後來被稱為明治大正最偉大的小說家的年輕人，在前往英國之前，首先來到了英國位於亞洲的殖民地——香港。雖然夏目漱石在香港只停留短短兩

二日，蜻蜓點水。但是，由於夏目漱石有寫日記的習慣，所有關於他到達香港前的心情、健康情況、眼前所見的風景，都有最直接的紀錄。透過在《漱石日記》留下來的文字，我們可以一探年輕的小說家對早期英國殖民地香港的印象。

作為國家指派的留學生，夏目漱石與其他青年人在橫濱乘搭「普魯士號」前往英國。當時一同乘搭普魯士號從日本出發前往歐洲留學的年輕日本人還有後來的德國文學學者藤代禎輔（1868-1927）、農業學家稻垣乙丙（1863-1928），以及日本文學學者芳賀矢一（1867-1927）。

在前面提過夏目漱石並不是身體壯健的人，經常都會有些小毛病。根據日記紀錄，到港前兩天，普魯士號抵達福州。可是由於夏目漱石早前暈船，身體欠佳還拉肚子，甚為不快。到福州炮台四處觀光後，看見有些福州人帶着雜貨來叫賣，只感到煩厭，認為吵鬧至極。只不過當看到有人售賣二手衣服的時候，他亦買了一件穿着。第二天風平浪靜，夏目漱石又到了附近的島嶼觀光，腸胃也康復不少，可惜天雨不斷，濕漉漉的甲板始終令他提不起精神。筆者估計，在船上勞碌的生活，對健康狀況一般的夏目漱石來說，未免太過辛苦。而如果雨天會令夏目漱石感覺不愉快的話，亦很難想像他能適應倫敦的氣候。

1900 年的 9 月 19 日是星期三，天空本來下着微雨，後來逐漸放晴。普魯士號在下午 4 時左右到達香港，停泊在九龍岸的碼頭。曾經在熊本縣工作的夏目漱石，看到維多利亞港兩岸景色以及往返兩岸的小蒸氣船絡繹不絕，馬上聯想到位於九州的馬關海峽門司港。夏目漱石遠眺太平山頂景色，看見山頂的大樓高聳入雲，還有海邊鱗次櫛比的建築物，欣賞過後，他聽說香港有日本的旅館，於是興致勃勃地到了一間名為「鶴屋」的旅館。可是，付了十塊錢來到旅館的夏目漱石卻對旅館極度失望，他在日記抱

怨這間旅館實在骯髒不堪，不宜入住。

　　筆者後來翻查資料，才知道夏目漱石當年去的這間旅館，相傳曾經有來自日本的「娘子軍」謀生，而且曾經捲入偽鈔事件。除了夏目漱石之外，亦有其他日本旅客途經香港的時候輾轉來到「鶴屋」，這是後話。

　　夜晚，夏目漱石去皇后大道參觀後，乘搭天星小輪欣賞香港夜景。不必今天的「幻彩詠香江」大型燈光音樂匯演招徠，早在 1900 年代夏目漱石已經對維多利亞港的夜景讚不絕口。他認為，當夜幕低垂，晚上 9 時坐上天星小輪，看着海面倒影的萬家燈火，與其說是天空的繁星閃閃，倒不如說這是晶瑩剔透的寶石。

　　夏目漱石到皇后大道參觀的時候，有沒有到過位於皇后大道 8A 的「梅谷照相館」拜訪後來曾經協助孫中山推翻滿清政權的

香港夜景，攝於戰前。（圖片由張順光先生提供）

位於倫敦的夏目漱石紀念館有關夏目香港之行的介紹

日本人梅屋庄吉，日記並沒有告訴我們。但是同行的芳賀矢一在其日記裏卻有到訪「梅屋」的紀錄，不排除他們是一同前往的。

當天夜晚，夏目漱石一行人到底是找了另外的旅館？還是回到船上休息？日記裏面沒有記載。但至少我們可以肯定的是，這天他沒有提到身體不適，並且對香港的維多利亞港景色讚不絕口。

透過日記，我們知道第二天 9 月 20 日星期四，夏目漱石下午再到香港島，並登上山頂。參閱芳賀矢一的日記可得知他們乘搭的天星小輪名字為「Morning Star」，是 1898 年香港三隻天星小輪之一。直到二十一世紀的今天，這個名字還一直保存下來。當你路過天星碼頭，可能也能看見新一代的 Morning Star 呢。

夏目漱石看到用鋼索來牽動的山頂纜車登上目測 60 度的陡峭斜坡，令他驚訝不已。山頂纜車抵達目的地後，夏目漱石站在太平山山頂，心情暢快，表示景色極好。1990 年代的香港，無

論是天星小輪還是太平山山頂，都是日本旅客趨之若鶩的旅遊景點。顯而易見，夏目漱石並沒有錯過這兩個「非去不可」的地方。

有關在山頂的旅程，日記裏並未詳細提及。但是我們能夠透過共同登山的藤代禎輔〈夏目君の片鱗〉一文，了解當時情況。根據藤代禎輔的回憶，他和夏目漱石、芳賀矢一離開纜車站後繼續登山，過程並不輕鬆，但是當大家都走到山頂最高峰，四面景色飽覽無遺，都感到很愉快，芳賀矢一更表示付出的汗水是值得的。可是，也許是登山太過辛苦，夏目漱石及後再次乘車回去時，因為感到身體不太對勁就趕緊下車了。

夏目漱石在香港曾經寄出兩封信件，收件人分別是他的太太鏡子，還有他的好友正岡子規的學生高濱虛子。也許當時夏目漱石並沒有想過，在他過身後，高濱虛子也曾經帶同女兒，來到香港。

下午 4 時，普魯士號啟航。夏目漱石短短兩日的香港旅程，就此畫上了句號。離開後兩日，夏目漱石是這麼說的：「9 月 21 日星期五、9 月 22 日星期六。下午，離開了香港 631 英里。」

	所屬地區	景點	官網
旅遊資訊	東京都	新宿区立漱石山房記念館 新宿区早稲田南町 7	https://soseki-museum.jp
		夏目漱石墓 雜司ヶ谷靈園 豊島区南池袋 4-25-1	https://www.tokyo-park.or.jp/reien/park/index071.html
	熊本縣	夏目漱石大江舊居 / 第 3 舊居 熊本市中央区水前寺公園 22-16	
		夏目漱石內坪井舊居 / 第 5 舊居 熊本市中央区內坪井町 4-22	
	愛媛縣	道後溫泉本館 愛媛県松山市湯之町 5-6	https://dogo.jp

08

乃木希典

立維港展現軍事眼光的
陸軍名將

Nogi Maresuke

❀ 乃木希典小傳

位於東京心臟地帶的「乃木坂」地下鐵站，向來是偶像女團的朝聖地。茂密綠蔭下是紀念被喻為日本最後武士乃木希典的「乃木神社」，旁邊則是乃木將軍跟夫人靜子為明治天皇殉死的故居，事發現場被原封不動保留，成為供後人憑弔的博物館。

乃木希典過身後被譽為「軍神」，日本歷史上能得此美譽者不多，除此之外尚有戰國時代的上杉謙信。為何乃木氏能得此美譽呢？事緣乃木希典在日俄戰爭旅順會戰期間擔任指揮官，在其領導之下，成功令日本以「一介亞洲國家」身份，擊敗歐洲傳統大國俄國，轟動國際社會，提高了日本的國際地位，乃木希典因而得到「軍神」的稱謂。

1849 年聖誕節在江戶出生的乃木希典，其人生波瀾萬丈，連小時候名字亦多番更易。幼名無人，其後改為源三、賴時，後來更名文藏，最後定案希典。雖然幼年身體虛弱而膽小，但父親嚴格教育乃木希典忠君愛國和武士道精神。他少年時代學習勤奮，騎馬射箭、西洋炮術、槍術劍術等涉獵甚廣，加上興趣廣泛，對漢詩亦有一定程度的修養，也對馬匹十分有興趣。故居旁邊就是當時的馬房。

在早期軍旅生涯之中，乃木希典首先於 1860 年代第二次長州討伐後成為天皇親兵，到 1877 年參加影響近代日本的內戰——西南戰爭。此役對奠定日本明治政府具重要意義。後來受政府命令到德國留學，有感德國軍隊紀律嚴明，回日本後提交意見書，強調紀律和軍人德義之重要性。乃木希典前半生參加的除了留德前的國內戰爭外，亦不乏國際戰事，例如日本與中國之間的甲午戰爭。《馬關條約》於 1895 年簽定後，台灣與澎湖被

LATE SHIZUKO NOGI 故乃木陸軍大夫人靜子

乃木希典夫人靜子

割讓給日本，半年後乃木希典受委為第三任台灣總督，統治日本新轄殖民地，唯任職一年後以記憶力減退為由辭職。然而，與日、清之東亞衝突相比較，在乃木希典人生所參與的戰役中，最重要、最廣為人知的還是以日本第三軍司令官身份，親上戰場的日俄戰爭。

日俄戰爭雖主要為日、俄之間的國際衝突，但中國亦涉入戰火，日俄雙方就曾於中國領土交戰。乃木在進軍中國前，收到長男乃木勝典在南山之戰陣亡的消息，不過乃木以軍情先行，長子陣亡一事並未使其失神，同年即率軍在遼東半島登陸。

不過，日俄戰爭中，與乃木最相關的戰事，還是 203 高地之戰。據參謀秋山真之少佐分析，203 高地是炮擊俄國艦隊的最佳戰略地點，也是旅順包圍戰的關鍵，直接促成了日俄兩國在 203 高地展開犧牲慘烈的爭奪戰。付出慘痛的代價後，日本軍隊成功奪取 203 高地，戰況傾向對日軍有利。

雖然成功攻陷旅順要塞，但正攻法的採用做成大批傷亡和混亂，乃木希典既要面對日本輿論批評，他的次子也在 203 高地攻略戰中喪生。即便如此，當時教科書上仍然刊載了乃木希典在旅順水師營跟戰敗司令官碰面的相片，極力表揚他保全投降俄軍將士的名節，允許他們繼續佩戴佩劍。乃木希典在二十世紀初日本，就是如此被神化的存在。

參加奉天會戰再回到日本後，乃木希典出任軍事參議官兼學習院長。作為軍人出身的教育家，他重視劍道教育和軍事式教

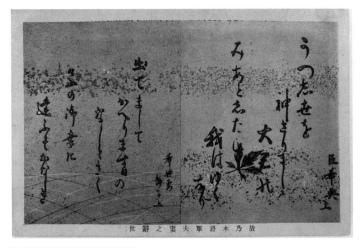

乃木希典與夫人靜子絕筆

育；為了遏制奢侈風氣，限定學生穿着和服的級別，支持儉樸學習。

　　昭和天皇在年輕時亦師事乃木希典。然而他並沒有跟隨乃木希典太長的時間，1908 年以親王身份開始學習，1910 年遊歷歐洲。兩年後，乃木希典在出席明治天皇的喪禮後，和夫人靜子雙雙自殺殉君。

　　古典軍人乃木希典選擇以武士方式，親手結束自己傳奇一生。夏目漱石的名作《心》當中就有乃木希典殉死的記載，還發出「明治精神不再」的慨嘆。

❀ 乃木希典訪港：1911 年 4 月 24 ～ 26 日

即使國籍和時代背景一樣，不同經歷不同出身的日本人來到香港，眼中看到的東西也相異。作為日本歷史上最著名將領之一的乃木希典，雖然只在香港短暫停留，卻在日記中讓後世看到他對當時世界局勢的認知。

1911 年 6 月，英女皇伊利沙伯二世的祖父、溫莎王朝的初代君主佐治五世在西敏寺舉行加冕儀式。日本政府派遣以東伏見宮伊仁親王及王妃為首的官方代表團隊前往倫敦道賀。隨行的乃木希典當時軍銜為軍事參議官陸軍大將，同團還有軍事參議官海軍大將東鄉平八郎。他們一行人於 4 月 12 日從橫濱出發，經上海並於 24 日抵達香港。

1911 年 4 月 24 日早上，天氣晴朗。乃木希典在船上遙遙望見香港的島嶼，大約 10 點左右就通過港口。乃木希典在日記中記載，香港是英國在遠東的商業中心，與葡國的殖民地澳門一樣，是戰略上非常重要的地方，因此英國不惜工本加以開發。從船上遠望，可以看到九龍山上有兩座炮台、香港島山上則有五座炮台和一個密閉的堡壘。驟眼看屬於舊式結構，防線接近市區，可以想像英國向來把戰爭主力放在海軍上，卻不太重視海岸防禦的戰略。雖然如此，乃木希典表明自己沒有作研究，所以並不了解詳情。船隻逐漸駛近，乃木希典留意到九龍有一個大倉庫。有人告訴他這是英國海軍存放物資的倉庫，裏面存放了補給艦隊的彈藥、糧食、煤炭，以及水雷和其他物資，設備齊全。

由於這次探訪的目的地是英國，其殖民地香港亦慎重其事。港督盧吉、香港駐軍司令安達臣中將、港務長官戴爾上校都派遣副官向伊仁親王表達敬意。不過乃木希典指出這次訪港屬於微行

性質，因此特別向親王請示各位長官的訪問是否方便，親王指示說毋須來訪。

當時駐香港的日本總領事船津辰一郎、日本郵船的楠木武俊，以及其他約二十多位香港知名的日本人都來到船艦謁見。其後駐廣州的細野中佐亦前來拜會，除此之外還跟領事商議當日行程。

吃過午餐後，一行人登陸香港市區體驗坐轎子，一面走一面遊覽。到了公園旁邊的車站，他們改為乘搭纜車，參觀香港最著名的名勝——山頂。雖然日記中沒有提及，但由於船隻停泊在九龍，要前往山頂相信有乘搭天星小輪。

乃木希典表示二十多年前動工興建的纜車是東洋唯一的同類設施，對此甚為讚賞。而據聞暑假總會擠滿遊客的山頂酒店，在他眼中建築外表雖然不算優秀，但仍算宏偉。站在山頂俯瞰維多利亞港，港內碇泊着大大小小軍艦，還有各種小汽船來回往返，情景讓他不禁回想起攻佔旅順時的 203 高地。

欣賞完風景後，他們來到酒店樓上，親王賜予諸位茶品與糕點，稍作休息後一行人再乘搭纜車下山，到香港花園散步。這個香港花園正正就是纜車站旁邊的動植物公園，當時已經植有各種植物。乃木希典認為公園面積雖然不大，但各種植物林林總總，井然有序，生長茂密，足見照顧周到，曾經去過上海租界的乃木希典直截了當說上海的公園不能相比。他這次初次見到熱帶植物，但是對中學學過的植物相關知識已經記憶模糊，所以雖然眼前繁花似錦，卻對他們的名稱一無所知，只能僅僅知道是屬於熱帶的植物而已。他在公園一面走一面細想：對興趣不大的學科，暗記背誦的價值，也不過如此。

即使乃木只在香港來去匆匆，但無論對軍事還是教育，也能看到其個人感受和獨特看法。

（香港憲兵隊檢閱濟）
大　正　公　園

香港動植物公園，日佔時期改名「大正公園」。（圖片由張順光先生提供）

公園散步之後，親王王妃跟隨領事船津辰一郎前往官邸。這位船津辰一郎於 1909 年就任，1912 年成為南京領事，在北京、奉天、天津都有留下足跡。乃木希典跟東鄉平八郎則回應日本僑民熱切的期盼，前往位於擺花街的日本人俱樂部跟會員歡聚。

乃木希典在日記中記錄了香港當時的情況。1911 年，在港的日本人數目逾千，當中有郵船會社、正金銀行、台灣銀行、三井物產，以及其他雜貨店，發展蓬勃。然而，他並沒有只看到歌舞昇平的一面，對於大約四分之一的日本僑民是娼婦，也感到非常驚訝。

難得來到香港，乃木希典沒有放過前往附近的廣州的機會，於是跟來自廣州的細野中佐主動提出要去參觀。最後他們決定乘搭晚上 10 點由香港出發的金山輪。前往廣州的除了他本人以及細野中佐，還有楠木郵船支店的店長。第二天一整天他們都在廣州，直至晚上 11 點又再乘搭金山輪，回到香港。馬不停蹄的乃

木希典，在 4 月 26 日上午 6 時離開香港前往新加坡，繼續趕赴倫敦參加英皇加冕儀式。

在日記中，乃木希典還分析到英國使用威嚇手段所取得的成效。他將九龍半島到大鵬灣比喻為當時已經成為日本領地、韓國的鎮海灣，認為其地適合艦隊演習。乃木希典更特別提到香港是英國人的香港，也是本地華人的香港。香港是英國商業策略、政治策略、軍事策略上不可或缺之地，但是在商業上的實力，依然由華人掌握實權。回顧日記最初聲稱自己對香港並無研究，乃木希典的見解卻比同期其他到訪香港的日本人更為深刻。

誠心正意為明治天皇奔走的乃木希典，大概沒有想過到訪上海、香港、廣州之後的不足半年間辛亥革命便隨之爆發，從此清朝這個名字走進了歷史。乃木希典也沒有等到親手教育的裕仁天皇在未來攻打香港，因為離開香港後的第二年、也就是 1912 年的秋天，他和夫人靜子就為明治天皇壯烈殉死了。

	所屬地區	景點	官網
旅遊資訊	東京都	**乃木公園・旧乃木邸** 港区赤坂八丁目 11-32	https://www.akasaka-parks.jp/parks/nogi
		乃木神社 港区赤坂 8-11-27	https://nogijinja.or.jp/
	栃木縣	**那須乃木神社** 那須塩原市石林 795	https://www.nasu-nogijinja.jp/
	山口縣	**乃木旧邸** 下関市長府宮の 町 3-8 乃木神社内	

09

島村抱月

在香港墳場前興嘆的
日本劇作家

Shimamura Hōgetsu

❀ 島村抱月小傳

島、村、抱、月。

詩情畫意的名字，屬於以戲劇和藝術給予日本國民夢想與希望的「新劇之父」——島村抱月。他身兼明治、大正時期的美術評論家、新劇運動家、大學教授、劇團負責人等多個角色。終其一生，島村抱月腦袋裏充斥着苦惱與探索，為了實踐美學論，他向大眾介紹藝術，開拓了當代日本新劇的世界。

島村抱月本身並不姓「島村」，也沒有詩情畫意的名字「抱月」。他原本叫瀧太郎，舊姓為佐佐山。1871年，佐佐山瀧太郎出生於島根縣。父親事業失敗，即使還只是小孩子的瀧太郎亦被迫外出謀生。飽受貧窮之苦的母親考慮到學問可以讓孩子脫貧，於是把瀧太郎送到正念寺的學校。瀧太郎不負眾望，勤勉學習，十二歲在濱田裁判所工作，幫補家計。寒窗苦讀的年輕人令裁判官島村文耕大為感動，賞識他的才能並於1891年收其為養子，保送他到東京專門學校（今早稻田大學）文學部繼續升學，老師是後來的合作夥伴坪內逍遙。

在學期間，瀧太郎愛上了演劇。他為自己改了一個充滿古風的名字——「抱月」。畢業後他曾經擔當早稻田文學的記者，憑藉「西鶴論」、「有關新體詩的形態」得到評論家的稱號，並著有《風雲集》。在這段期間，他還擔當過《讀賣新聞》的記者，發行過《新美辭學》。

以優秀成績畢業的島村抱月成為早稻田大學文學院的講師，後來透過大學資助在1902年得到海外留學的機會，在英國牛津大學及德國柏林大學留學共三年。這就是未來的劇作家與外國藝術文學結緣的契機。

島村抱月歸國後，和坪內逍遙共同成立文藝協會，它是後來新劇發展的源頭。文藝協會名義上以改革文學、美術、戲劇等為目標，但實際以戲劇為主，後來因經營不善而結業。雖然如此，把莎士比亞作品帶到日本並翻譯過來的坪內逍遙，曾經發表〈小說神髓〉和《當世書生氣質》，提倡文學是人類文明重要元素。他主張寫實主義的文章能夠改變社會、啟發人民，點醒了當時的日本青年，甚至傳至中國，為中國政治小說發展帶來影響。往後幾十年，日本著名作家如夏目漱石、芥川龍之介、太宰治等人，都曾經受〈小說神髓〉影響而創作。

島村抱月為日本翻譯文學帶來俄國的作品。托爾斯泰的《戰爭與和平》、《復活》都是他的得意之作；德塞凡提斯的《堂吉訶德》也在他生花妙筆下翻譯成日本語，出現在日本國民的面前。事業如日方中的島村抱月，把易卜生的《玩偶之家》以戲劇形式帶到日本。這是講述傳統家庭中女性地位上升，不再受傳統社會束縛，具有劃時代意義的作品。

人生如戲，戲如人生。參演《玩偶之家》的女演員松井須磨子果真成為劇本裏同樣追求自我的新時代獨立自主、不受束縛的女性，打破傳統的枷鎖，與島村抱月共譜戀曲。雖然外國思潮逐漸湧入，但是在大正年間社會思想依然傳統，他們的戀情並沒有受到祝福。島村抱月為了靈感泉源的繆思拋妻棄子，與松井須磨子雙雙退出文藝協會。兩人於同年 9 月合作組成藝術劇團，島村抱月還辭退了早稻田大學教授的工作。

現時日本稱呼髮箍為「カチューシャ」（Katyusha，中文譯「卡秋莎」），亦是起源於島村抱月和松井須磨子合作的舞台劇。這個「和製俄語」，是俄國文學家托爾斯泰的作品《復活》中女主角的名字。髮箍在大正年代是新事物，於是採用女主角的名字命名。

舞台上托爾斯泰的名作《復活》的主題曲《カチューシャの唄》（卡秋莎之歌）成為日本流行曲的始祖。縱使當時留聲機還未普及，黑膠唱片以及樂譜依然大賣。兩度離婚的松井須磨子遇到她的伯樂，其後她還唱出了《ゴンドラの唄》（貢多拉之歌），這首經典名曲後來成為黑澤明電影《生之慾》其中一首插曲，揚威海

島村抱月電話卡

外。1915 年，島村抱月跟松井須磨子一同前往海參崴，劇團的演出在普希金劇院大受好評。順帶一提，松井須磨子亦是日本歷史上第一位整容的女演員。

劇作家面對社會輿論的傳統枷鎖可以面無懼色，但在世紀疫症前卻束手無策。島村抱月的弟子秋田雨雀在日記中是這麼說的：「島村老師跟須磨子一同染上流行性感冒，狀甚痛苦。心臟比較衰弱的老師呼吸特別困難，看了幾次醫生。須磨子的情況相對變好了。」

1918 年 11 月 5 日，四十七歲的島村抱月因西班牙流感撒手人寰。兩個月之後的 1919 年 1 月 5 日，松井須磨子在藝術俱樂部的道具房間用紅線上吊自殺，以死追隨過身的島村抱月。她在遺書中表示希望兩人能夠合葬，可是第三者的身份無法讓她如願以償。

島村抱月碑（圖片由孫實秀先生提供）

島村抱月死後被埋葬在東京雜司谷靈園，跟大正文豪夏目漱石、藝術家竹久夢二屬同一墓園。2004 年，他的遺骨被送回島根縣的故鄉，與妻子合葬。至於他的繆思，卻在老家長野縣的深山裏永遠寂寞地長眠黃土。

❀ 島村抱月訪港：1902 年 3 月 22 ～ 23 日

1902 年 3 月 8 日，島村抱月從橫濱出發，乘搭日本郵船公司的讚岐丸出發，途經上海，於 3 月 22 日來到香港，逗留一天後離開。

三十一歲的島村抱月被選派為英國牛津大學及德國柏林大學

的留學生，專研美學、心理學、藝術歷史等等。這是繼兩年前金子馬治後，日本再有文學科留學生出發前往外國留學。

島村抱月畢生喜愛文學藝術，尤其對戲劇情有獨鍾。在對美學特別敏感的他眼中，香港很美麗。1902 年 3 月一個雲淡風輕的早上，島村抱月在船上首次看見群山。自從離開九州的門司港，由於之前一站的上海沒有山，能夠再見山令他心情很是爽快。他看到香港位於島嶼之間，加上水面風平浪靜，如同庭園式盆景。

吃過早餐後，島村抱月跟醫生們登岸。當中包括海軍的軍醫鈴木德次郎、醫科助理教授林春雄等。他們首先遊覽香港的市區街道，然後一起乘搭山頂纜車前往山頂欣賞維多利亞港景色，可是由於春霧茫茫，什麼都看不見。纜車車費頭等來回五角，由同行的廣瀨充當領隊。乘搭纜車下山後，第二個目的地是香港花園。香港花園就在纜車站的旁邊，於 1864 年建成。島村抱月眼中的花園花壇之美勝過日本，各種紫花地丁色彩配搭巧妙，蝴蝶於花叢間飛舞，賞心悅目。

初到貴境的島村抱月望見香港市區熱鬧的街道，認為繁榮熱鬧並非日本可及。他買了明信片三張、袖□兩個。接着由廣瀨請客，大家一同去到名叫「野村」的日本料理餐廳用膳。吃飽後，大家找來人力車，前往跑馬地的馬場參觀，之後就返回郵船公司。但由於發現時間尚早，於是又再次到市面上走走逛逛。

島村抱月一行人在香港街頭發現一個情景，就是華人被打。同樣是亞洲人，日本人看到香港土地之上華人被打是怎樣的心情呢？同行有人說自己從未打過華人，抱着躍躍欲試的心情出手，一打之下，發覺他們毫無志氣，感覺有趣。又有人說坐在人力車上藉口說車夫走得太慢，用雨傘戳車夫的肩膀，也能滿足自己的好奇心。對於以上的感想，島村抱月只是單純的記錄，並沒有對

山頂纜車（圖片由張順光先生提供）

同行者戲弄華人的行為發表評論。但是他明確地指出白人顯然把自己當成世界的主人，並且把黃種人當成奴僕的情況，黃種人的尊嚴深受損害。

反而是馬場附近的墳場，卻令到島村抱月愁緒大發，感慨萬千。他看到大門兩邊的對聯——「今夕吾軀歸故土，他朝君體也相同」，「也」不就是「都」的意思嗎？假如一個人以自誇的神色說「君體相同」，不是很奇怪嗎？也許他還感覺到當中有詛咒的意思吧！

夜晚香港華燈初上，島村抱月看到山邊的道路亮起各式各樣電燈，琳琅滿目，如同寶石般美不勝收。乘搭轎子的白人婦女於上下斜坡之際搖晃，頗具風情。他同時又寄出郵件給日本朋友柚根、神奈川、坪內。同船的人當中有人在這裏登岸留下，例如中國人林啟潤，還有一同上山頂及吃午飯的廣瀨、平井仲三。

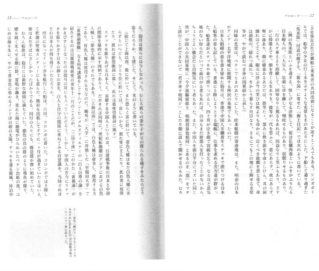

《島村抱月全集》內對香港墳場的描寫

3月23日，早上下雨，下午轉晴。軍醫鈴木、醫師古川在香港為大家買來籐椅五張。這天島村抱月又看見華人辛苦工作的情景。苦力們爭先恐後來到駁艇找工作，人聲嘈雜，隨着一聲咆哮，棒子雨傘之類就當頭棒喝。當中四十歲左右的男子哭喪着臉，雙手合十乞憐。島村抱月看在眼裏，心想要是說這個男人沒有志氣，的確是沒有志氣，但作為國民淪落到如斯田地，他的立場也相當可悲。要是他們的家人目睹這個情景，會有多難過呢？人群當中有人看準時機，也嘗試落井下石捅一下男子的背項。島村抱月看在眼裏，默默記錄在日記之中：

> 雖然在人數上、甚至在財富上，有色人種並不劣於白人，可是在個人方面便顯得悲哀。為什麼白人是主人，有色人種是奴僕呢？自從踏入香港後，難以用金錢去購買的尊嚴，受到很大的傷害。然而，倘若走到地中海以西之地，相信有色人種在一切意義上都將歸零。這些事實說出來會讓人覺得幼稚，但世上卻有驚嘆之聲，少見悲憤之言。對於一切種種，有尾隨的人，卻沒有同行者；就算有同行者，也沒有超前的人。

把人種的問題都想過之後，晚上香港的市街又再亮起各式各樣的電燈。紅色如紅寶石，藍色如蛋白石，白色自然就是鑽石了。在揮手告別香港的島村抱月眼中，香港的夜晚總是掛上無數寶石。

離開香港後，島村抱月終於在 5 月 7 日抵達倫敦。順帶一提，雖然他跟夏目漱石留在英國的日子重疊，但兩人並未有交集。

	所屬地區	景點	官網
旅遊資訊	東京都	**島村抱月終焉の地** 新宿区横寺町 9	
		島村抱月墓 **雑司ヶ谷霊園** 豊島区南池袋 4-25-1	https://www.tokyo-park.or.jp/reien/park/index071.html
		松井須磨子墓 **多聞院** 新宿区弁天町 100	
	島根縣	**島村抱月生誕地** **顕彰の杜公園** 浜田市金城町小国 462、466-1	
		島村抱月文学碑公園・ **抱月ふるさと公園** 浜田市金城町 久佐 108 番地	

10

北里柴三郎

撲滅香港鼠疫的
大恩人

Kitasato Shibasaburō

❀ 北里柴三郎小傳

明治年代出現過太多名人，若然要數到名垂千古、蜚聲海外者，必須要提到在世界醫學史上留下足跡的「日本近代醫學之父」——細菌學家北里柴三郎博士，他在鼠疫病原體、破傷風菌，以及血清素治療法等研究領域有卓越的成就。為了表揚他的醫學成就，當時人稱「世界的 Kitasato」。東京大學跟慶應大學的醫學部，以及日本醫療機器 TERUMO 公司，都跟他有非常深厚的淵源。

北里柴三郎於 1853 年出生於今日九州的熊本縣。家庭對他的教育非常重視，八歲便跟着漢學家的伯父學習四書五經，後來又跟隨名儒園田保讀儒家典籍。

北里柴三郎曾在細川藩藩校時習館學習，但踏入明治年代不久藩校被廢除，遂改唸熊本醫學校。在這裏他遇到荷蘭的海軍軍醫康斯坦・佐治・梵・曼斯維爾特（Constant George van Mansveldt）。除了學習外語及翻譯，亦奠定其從醫道路。在二十三歲時考入東京醫學校（今東京大學醫學部），卻因為與教授關係欠佳留級。人際關係並沒有影響北里柴三郎的醫學熱情，他提出「醫生的使命是預防疾病的發生」，並寫成了〈醫道論〉。三十一歲畢業時，他在二十六名畢業生中成績排行第八，考入內務省衛生局，擔當舊同學緒方正規的下屬。

北里柴三郎在 1885 年前往德國的柏林大學留學。在各種傳染病盛行的時代，他跟隨後來得到諾貝爾醫學獎的細菌學家羅伯・柯霍（Heinrich Hermann Robert Koch）研究細菌學。當時在柏林大學學習醫學的還有東京醫學校的同學、明治大文豪森鷗外。

五年之後的第一屆諾貝爾醫學獎候選人清單之中，出現了北里柴三郎的名字。可惜，最後得獎的是一起研究的另一位學者。即使落選，北里柴三郎的名聲仍響遍天下，不少歐洲學府都希望把他羅致旗下，但以改善日本疲弱醫療發展與體制為目標公費留學的他不為所動，1892 年離開歐洲回到家鄉。

　　讀書時期曾經跟教授口角的北里柴三郎，甫回國即跟昔日舊友、前上司緒方正規就腳氣病的問題鬧得不可開交。當時，各機構學府都避諱跟東大醫學部對立，醫學研究生涯隨時終止的他幸而遇到伯樂──思想啟蒙家福澤諭吉。他欣賞北里柴三郎的才學，自費出資外還向森村財閥的市左衛門募錢，建設私立傳染病研究所和肺結核研究中心。為了平息居民各種傳染疑慮，更把兒子遷到附近居住。對於曾提拔幫助自己的恩人，北里柴三郎不忘圖報，1916 年福澤諭吉創立的慶應義塾大學設置醫學部之際，北里柴三郎即受邀成為初代醫學科科長。

　　北里柴三郎在日本與中國交戰時，奉政府之命到英國殖民地香港研究及考察鼠疫。此後，他成為最早發現鼠疫桿菌的學者之一。

　　對於後輩，北里柴三郎也是不吝推薦。現時一千日圓紙幣上的野口英世就曾受他的眷顧，在留美前獲得北里柴三郎分別寫給五名舊友的介紹信。野口英世紙幣在令和年代將成歷史，取而代之的北里柴三郎和他原來也有密不可分的緣分呢。

　　1917 年全國規模的醫生組織「大日本醫師會」設立，北里柴三郎成為初代會長。六年後協會改稱「日本醫師會」，北里柴三郎身為會長繼續為經營組織而努力。

　　為日本國民、以至香港及世界各地人類努力的北里柴三郎在 1931 年以七十八歲之年跑完勤奮的一生，在東京永遠閉上眼睛。

　　現時，以北里柴三郎命名的北里研究所及北里大學奉行「尊

崇生命、探究真理、以實學精神貢獻社會」的座右銘；建學方針則是「開拓」、「報恩」、「不撓不屈」、「叡智與實踐」。這些推動人類文明發展的精神，將被莘莘學子永遠銘記。

❀ 北里柴三郎訪港：1894 年 6 月 12 日～ 7 月 20 日

北里柴三郎跟香港的淵源可追溯到甲午戰爭前夕爆發的鼠疫，在德國留學的他當年已經是日本知名的細菌學者，1894 年以日本政府醫生團隊代表身份來到香港。

十八世紀末，歷史上第三次全球鼠疫災禍於 1894 年從雲南開始流行，經廣州傳播到香港，在華人貧民區迅速蔓延。當時疫症有個恐怖的名稱——黑死病。根據當時紀錄，香港的感染人數為 2,679 人、死亡人數為 2,552 人，死亡率高達 95%。

香港政府於 5 月 11 日宣佈香港為疫埠，禁止華人出境，並在憲報提出防疫政策。可是孤軍作戰狀態不妙，隨即向日本政府尋求對策以及支援。有見如果香港成為疫埠，向來有頻繁貿易來往的橫濱、神戶以及長崎的港口亦有可能受到波及，日本政府於是發出緊急支援要求，為數六名成員的鼠疫調查團旋即成立。傳染病研究所的北里柴三郎及東京帝國大學醫學部教授青山胤通都在其中。

調查隊伍 6 月 5 日從橫濱港口乘坐太平洋郵輪公司旗下的里約熱內盧號出發，旅程大約用了一星期的時間，在 6 月 12 日到達香港。

話說團隊到達香港之後不久的 7 月就爆發了甲午戰爭，雖然

香港當時是英國殖民地政府，但考慮到大部分的居民都是華人，在日本跟中國的戰事一觸即發的狀況下，依然選擇派員到香港考察是相當冒險的決定。

抵港後，團隊入住皇后大道中的溫莎酒店，隨即直奔香港島的堅尼地城的醫院把握情況，以及開始解剖調查。當時香港島的堅尼地城地區是集中醫治鼠疫病人的地方，除了醫院，亦建有墳場。因傳染病過世的病人相繼被推進實驗室，調查隊伍從遺體中取出內臟解剖，不分晝夜檢查。當時香港還未普遍接受西方的醫療技術，即使是傳染以及死亡率極高的疾病，也傾向用中醫醫治。日本的團隊需要解剖死者做研究，對於華人來說這是對先人的冒犯，必定會引起反對。幸好得到香港政府的協助，團隊在玻璃廠改裝而成的臨時醫院角落有一個小小的解剖室，解剖室接近埋葬死者的墓地。但即使進入醫院的華人跟外國人的接觸相對普通民眾比較多，解剖過程還需要隱蔽進行。

北里柴三郎從樣本中檢驗出疫症元兇的病原細菌。由於這是當時醫學界首次發現，他把疫症命名為淋巴腺炎疫症。此症由於與老鼠有關，故又稱腺鼠疫。除了把香港的研究結果通知倫敦的著名醫學期刊《柳葉刀》，北里柴三郎亦向香港政府詳細說明，並且提出消滅老鼠、注重衛生、沸騰消毒等方案，對減低疫情傳播立下功勞。

大約兩星期後的 6 月 28 日，日本的團隊接受香港政府以及醫學相關人士的招待，參加在酒店舉辦的晚餐會。在晚餐會之後，北里柴三郎的同行者青山胤通感到腋下一陣劇痛，淋巴腺懷疑受到感染。接着來自北里柴三郎研究所的石神亨，也出現感染的症狀。他們兩人都發高燒，情況嚴峻，於翌日同時被搬到船上的醫院接受治療。青山胤通由於心律不整病發，狀態不妙下 7 月 3 日團隊為他準備好棺木；石神亨也在意識不明中花了四小時給

妻子寫下遺書，寫完便不省人事……幸運的是兩位日本人最後都撿回一命。

話說調查團隊感染黑死病的新聞很快就傳到日本，北里研究所的贊助人得知後，馬上建議團隊迅速回國，還親自發出「迅速回來」的電報。身在香港埋首研究的北里柴三郎卻沒有聽從，直至發現經過和結果已詳細刊登於 7 月 20 日的《士蔑西報》，北里柴三郎才乘坐維羅納號離開香港回到日本。

為了調查黑死病，北里柴三郎在香港逗留了大約五個星期。在香港爆發疫情五年後，最終黑死病還是傳到神戶、大阪以至關東地區。北里柴三郎以在香港得到的經驗協助抑制日本疫情傳播，滅鼠政策和衛生管理雙管齊下，日本的黑死病最後亦成功受到控制。

廣東話中的「洗太平地」，背景就是以消滅鼠疫為目標的太平山街大規模清潔行動。現在我們走到中環半山區的醫學博物館，還能看到 1894 年包括北里柴三郎及其他國家的醫療團隊留下來的相片和文字紀錄。

旅遊資訊	所屬地區	景點	官網
	東京都	北里柴三郎記念室 北里大学白金キャンパス 東京都港区白金 5-9-1	https://www.kitasato.ac.jp/jp/kinen-shitsu/index.html
	愛知縣	北里研究所本館・ 医学館博物館明治村 犬山市字內山 1	https://www.meijimura.com
	熊本縣	北里柴三郎記念館 阿蘇郡小国町北里 3199	https://manabiyanosato.or.jp/kitazatomuseum/

11

澀澤榮一

視香港為名不虛傳的
經貿港口

Shibusawa Eiichi

✾ 澀澤榮一小傳

　　2024 年即將成為「日本紙幣上的名人」的澀澤榮一，出生於烽火漫天的 1840 年代，於九一八事變爆發的 1931 年離世。澀澤榮一的一生，正正處於東亞近代歷史最動盪的時段。

　　澀澤榮一提出的思想，可以稱為日本企業的原點。在其理論之中，對日本影響最大、也最為人津津樂道的莫過於「士魂商才」，意思是要在日本做貿易買賣的商業活動，必須「武士的靈魂」與「商業的才能」兩者兼備。他的思想簡而言之可理解為：日本人的心底裏燃燒的大和魂固然重要，但假如欠缺從商的才能，只會自取滅亡。為了滿足這條件，澀澤榮一強調學習《論語》的必要性。在先秦諸子百家思想之中，代表孔子的思想體系的著作《論語》，乃孔子弟子歸納孔子教誨，將他的世界觀、道德觀綜合而成。雖然《論語》和「算盤」怎麼看都是不一樣的東西，但是在澀澤榮一的眼中，《論語》作為古代學說傳承到後代出現了解釋上的歧異，才令「財富」與「道德」變成兩難局面。澀澤榮一為孔子的學說作出新詮釋，使其成為明治日本實業家在商貿場合行使的規範。這種道德與經濟合一的學說，其中心思想是當商家能優先考慮到公眾及他者的利益，就能在創造財富之餘貢獻世界，構築豐盛和諧的社會。

　　這位提倡「士魂商才」的澀澤榮一，1840 年出生於今日埼玉縣的農民家庭。儘管他的童年要幫忙家裏種田、飼養蠶桑及藍染，但是在繁忙的農務工作後，父親並沒有忽略兒子的學養教育。童年的澀澤榮一好學不倦，跟親戚尾高惇忠認真地學畢《論語》。生活在動盪不安的時代，少年的澀澤榮一與兄長們亦曾經受過「尊王攘夷」思想影響，計劃攻佔高崎城。最後計劃沒有達

成，澀澤榮一前往京都。在離鄉別开期間，他曾經侍奉過後來成為德川幕府將軍的一橋慶喜。在這段日子裏他儲備了行政實力，才能亦得到發揮。

1866 年，法國皇帝拿破崙三世向德川幕府發出邀請函，招待各國元首參加 1867 年舉辦的巴黎世界博覽會。德川幕府考慮派出將軍德川慶喜年僅十四歲的弟弟德川昭武參加。水戶藩挑選了一些保護者作為警衛隨行。澀澤榮一透過此機會，以隨行人員的身份對歐洲的社會制度進行過細緻的視察。當年的世界博覽會是日本首次參加的世界博覽會。除了德川幕府之外，日本還有兩個藩獨立申請參加，他們分別是薩摩藩，以及由佐野常民擔任使節的佐賀藩。

從日本出發到法國馬賽期間，四十八天的海上旅程讓初次接觸外國事物的澀澤榮一大開眼界。他既品嚐到法國船上的西洋膳食，又親眼目睹 1867 年的繁榮都市上海及香港、大大縮短歐洲與亞洲航線的蘇彝士運河，令他讚嘆不已。在巴黎參加世界博物館之際，澀澤榮一曾經寫下了《航西日記》一書，詳細記錄了巴黎世界博覽會的規模、世界各國參加的狀況、展覽會場的樣子，以及當時巴黎市中心的模樣、各國元首的動靜等等。這本日記除了記載了他本人對西歐文明進步的感嘆，亦陳述了前往歐洲四年前自己心中佔主導的攘夷理論，如何在受到衝擊之下改變。

其後日本踏入了新時代——明治，德川昭武在德川幕府倒台後成為水戶藩最後的藩主。

算術了得的澀澤榮一，無論在一般事務還是會計方面都有過人之處。在參觀世界博覽會任務期間，他在巴黎停留了大約一年半，對經濟的學問、公司組織的架構、金融銀行的體制等都進行過深入的研究調查。這些經驗成為他後來對日本近代企業制度修正改革的根基。

回國之後，澀澤榮一首先在靜岡縣設立商法會所，目的是解決明治政府向各藩批出的貸款問題，例如輸入肥料和穀物，又從靜岡縣出口茶葉及和紙。透過商品的流通促進商貿，為振興地域貢獻良多。其後在大隈重信的勸說下，澀澤榮一加入明治政府的財政部，向政府介紹了美國的會計方式。可是由於在陸軍海軍的支出問題上跟大久保利通對立，最終選擇辭任該職。

離開財政部後，澀澤榮一以民間經濟之士身份活動，在1873年成為「第一國立銀行」的總監。這間銀行是今日「みずほ銀行」（Mizuho Bank）的前身。在任期間，澀澤榮一提高了銀行在社會上的地位，並且專注銀行的公開及透明度。

在國立銀行及私立銀行陸續成立期間，日本各地的經濟亦得以活化。這時候，澀澤榮一把目光轉向地下資源豐富、適合種植白米的東北地區。在他指導下，1878年「第六十九國立銀行」（今北越銀行）設立，石油業等的振興產業及鐵道的鋪設都得到支援。同年，東京證券交易所也成立了。

澀澤榮一以「第一國立銀行」作為起點，為創立、培育有

みずほ銀行（Mizuho Bank）

限公司組織及企業不遺餘力，並一直持續推廣「道德經濟合說」。因此直到今天，假若提起澀澤榮一的生涯，普遍日本人都會聽聞過五百間日本企業都和他有淵源，其中包括帝國酒店、東京電力、東京海上日動火災保險、東日本旅客鐵道、日本郵船、朝日啤酒、片倉工業、王子製紙等。能夠成為眾多機構成立過程中重要的人物，是因為澀澤榮一的經營哲學能引起明治年間經營者們的共鳴。當代有實力的實驗家都曾經邀請他合作，例如清水建設的清水喜助、三井物產的益田孝、大倉財閥的大倉喜八郎等等。

澀澤榮一看重企業對社會人民的貢獻，多於自己累積個人財富。他提倡的「士魂商才」，大約也會在 2021 年 NHK 大河劇《衝上青天》播放後，重新掀起新的研究熱潮吧！

✿ 澀澤榮一訪港：
1867 年 2 月 24 ～ 26 日、1902 年 12 月 23 ～ 25 日

明治維新年間，日本大量有識之士到歐美途中經過香港並非新聞，但早在明治之前，德川幕府等已斷斷續續派遣使節團前往海外，一探文明諸國究竟。

在明治前正值人生青年階段時到訪香港的旅客——澀澤榮一，於明治間又再次到訪香港，中間相距三十五年。從二十來歲的青年成為六十來歲的長者，除了身處的時代一直進步，其個人身份地位、眼界見識亦有所改變。

澀澤榮一第一次前往香港的時候是二十七歲，當時是 1867

年，法國巴黎舉行萬國博覽會，為了加強法國和日本之間的聯繫，法國政府邀請將軍德川慶喜出席，但由於當時政局不穩，遂改派將軍十四歲的弟弟德川昭武代表出席。除了參加博覽會，他還準備周遊列國以及留學巴黎。隨行的還有其他保護者和隨從，當中包括澀澤榮一。

1867 年 2 月 15 日，德川昭武一行人乘搭法國的阿爾法號出發，2 月 24 日早上 10 時抵達香港。由於要轉搭安比拉多利斯號，他們需要在香港停留兩天。有關在香港的經過，澀澤榮一和後來擔任明治政府郵政司的杉浦讓合著的《航西日記》有詳細記述。

澀澤榮一感覺船上設備萬全，甚至過得比陸上更加舒適。法國的飲食如咖啡、紅茶、火腿等對團員們來說都非常特別。在澀澤榮一的觀感裏火腿有點像豬肉製的漬物，至於牛油就好像凝固了的牛奶，塗在麵包上甚為美味。他又在飯後沖了杯咖啡再加入砂糖牛奶，覺得舒暢清爽。對比當時認為牛油很臭的一般日本民眾，澀澤榮一對外國飲食的適應度相對高。

澀澤榮一形容香港是廣東前端部分一個孤島。海港有群山圍繞，可擋風暴；港闊水深，足以停泊眾多船隻。可惜平坦地少，只能在山腰闢建道路。海邊乃華人居住地，半山則歐美人士集中。雖然以前是荒涼漁港，自從歸入英國版圖後，英國人開山填海修築道路，就變成各國貨物運輸的商業要塞。

前往香港前，郵船曾經在上海停泊。雖然只是驚鴻一瞥，澀澤榮一卻認為香港屬於英國領地，街道多歐洲樣式，雖然間中有中式建築，卻不似上海。至於本地人與上海相比，亦感覺優勝。

另外，澀澤榮一也提到香港有設置法院並聘請法官，審理各地民眾的訴訟；英式監牢建築雄偉，處置犯人時因應罪行輕重分配到不同工場勞改。澀澤榮一發現監獄中設有說法堂，向囚犯循

循善誘，使他們懺悔，繼而重新做人。從文字紀錄可以看到，年輕的澀澤榮一對於在囚教育感觸很深，也許他在香港的所見所聞就是未來幾十年在日本推行民眾教育的基礎吧！

這位後來被稱為「日本近代資本主義之父」的年輕人，在香港除了參觀過監獄之外，亦到訪過當時位於銅鑼灣、只在 1866 到 1868 年營運過兩年的香港鑄幣廠。香港鑄幣廠後來由於經營不善結業，經蘇格蘭商人 Thomas Blake Glover 從中斡旋，將機器賣給明治政府。當年在香港鑄幣廠效力的葡國人 Braga Vinete Emilio 及英國人 Thomas William Kinder 後來也來到日本工作，為當地的經濟發展出一分力。現在退役了的機器、職員們的日記等還存放在大阪造幣局，供世界各地遊客參觀懷緬。假如找來第一代日本的造幣局的建築藍圖，就會發現它跟香港的鑄幣廠建築藍圖非常相似。

三十五年後，日本已經從德川幕府走入明治中葉。1902 年澀澤榮一再次路經香港並留下紀錄，這時他已經是六十開外的老年人。今次他參觀的設施跟上次不一樣，而且只停留了短短一天半。不過，他今趟終於登上了太平山，欣賞到香港迷人的景色。當時身兼要職的他大部分時間都忙於應酬，跟二十來歲留港日子截然不同。

1902 年的平安夜，之前一晚已經駛入香港境內的郵船終於在上午 7 時於九龍碼頭泊岸。三井物產會社、日本郵船會社、正金銀行、東洋汽船會社、台灣銀行等代表紛紛來到船上迎接。到訪過各大機構後，澀澤榮一在其中兩位負責人三原繁吉及添田歌三領導下，經過山腹的香港花園，去到物產會社位於山上的社宅。一行人沒有入住酒店旅館，由三井物產提供住宿。當天的午餐會享用日本料理，出席的還有香港的日本領事野間政一、三原郵船及有馬大阪商船的代表，以及台灣銀行理事下阪等。

午餐會完結之後，繼續由三原與添田帶領，前往維多利亞山山頂。維多利亞山不易攀登，但只要乘搭纜車便可以只花十分鐘輕鬆抵達山巔。澀澤榮一年輕時留意到華人的住宅多數位於平地海邊，歐美人士則位於山腰，這次他更明確指明達官貴人的別墅多數於山頂，美景盡入眼簾。又見黑雲掠空而過之際，山嶽之間忽然傳來汽笛迴響，氣象萬千，心情之愉快難以言喻。俯覽過後一行人慢慢由山頂走下，在三原的宅第略為休息之後就回到三井物產提供的住宿，夜晚再去參加高等商業學校校友的歡迎會。這場歡迎會是高等商業學校在香港的校友為澀澤榮一舉辦的盛會，除了秘書八十島親德外，野間政一領事亦陪同在旁。當天出席的賓客有三井物產會社、日本郵船、正金銀行、大阪商船的人物，還有跟澀澤榮一一同乘搭神奈川丸的高等商業學校校長石川文吾。晚上的伙食同樣是日本料理，校友代表致歡迎辭之後澀澤榮一亦作答辭。宴會之後，他追溯商業學校的歷史：森有禮在1874 年創辦後不久改為府立，期間一度面臨廢校危機，後來輾轉隸屬文部省，但是澀澤榮一最終目標是希望它能發展成為一所商業大學。

第一次來到香港時，年輕的澀澤榮一還未到歐美見識過。第二次到香港，歲月如梭三十五年逝去，昔日的德川家隨從已經成為政治及金融界舉足輕重的人馬，從他的紀錄中可以看到有什麼企業在香港發展——單單是郵船公司已經出現了幾個不同的名字！這次回程時，他談到在百多天裏面視察了各國實業，並比較歐洲諸國的情況，席間賓客洗耳恭聽，至晚上 12 時才散會。

聖誕節當日，澀澤榮一一行人逐一向各企業代表告辭，然後返回神奈川丸。三原夫婦等人相送至船上，互相舉杯祝福。正午12 時，輪船從九龍碼頭駛出，只見甲板上頗為冷清，原來上等船艙中的外國人在香港登陸者為數不少。任官廣東的清人胡令宣

亦跟他們同船前往日本，目的地是九州。

在記錄澀澤榮一這次外遊經歷的《歐美漫遊紀行》中，還概括而精準地記錄了香港當時在他們眼中的模樣：建築物主要為西式，煤氣、電燈、電話、水管等設施式式俱備，市面貨物齊集；是歐洲和亞洲間的交通樞紐，也是貿易要塞。一旦踏足香港，還以為身處歐美，雖然地方狹小，但能夠見到英國政府苦心經營的成果。

	所屬地區	景點	官網
旅遊資訊	東京都	渋沢栄一旧邸曖依村荘・渋沢史料館・旧渋沢庭園 北区西ヶ原 2-16-1	https://www.shibusawa.or.jp/museum/
		渋沢 × 北区 青天を衝け 大河ドラマ館 北区王子 1-1-3	https://taiga-shibusawa.tokyo
	埼玉縣	渋沢栄一記念館 深谷市下手計 1204	http://www.city.fukaya.saitama.jp/shibusawa_eiichi/kinenkan.html
		旧渋沢邸「中の家」 深谷市血洗島 247-1	http://www.city.fukaya.saitama.jp/shibusawa_eiichi/bunkaisan/1425343509929.html
		渋沢栄一 青天を衝け 深谷大河ドラマ館 深谷市仲町 20-2	https://shibusawaeiichi-fukaya.com

12

與謝野晶子

不同時空望着同一月亮

Yosano Akiko

❀ 與謝野晶子小傳

　　從關西機場直出大阪市區，必然會經過「堺」這個地方。1878 年，明治、大正、昭和三代日本女性中的鳳凰——與謝野晶子就在這裏誕生。無獨有偶，「與謝野」是「夫」姓，娘家的姓正正就是「鳳」。

　　詩人與謝野晶子贊同歐美的個人主義，強調女性獨立，認為女性透過自我鍛煉及修養培育，亦可撐起一片天。提倡女性獨立、推廣民主主義思想與教育、批判時弊是她一生致力的課題。雖然日本女性向來給人的印象都是溫柔婉約，但提起與謝野晶子時，我們腦海自然浮起其剛強堅毅的身影。

　　短歌是一種傳統的日本詩歌格式，家中坐擁豐富藏書的成

與謝野晶子誕生地（圖片由孫實秀先生提供）

長環境使與謝野晶子擁有豐富的日本文學修養，還有一顆「和心」。少女時期的與謝野晶子秀髮如雲，以秀髮為題材的短歌作品不計其數。透過青絲的襯托，女性在戀愛中時而雀躍、時而傷感的忐忑悸動，穿越幾百首短歌躍然紙上。處於新思想不斷湧入的明治、大正時期，知識分子對外來新文化趨之若鶩，可是當西洋文化與日本文化碰撞時卻未能自然融合。與謝野晶子文風浪漫中有堅強、用詞古雅裏見新鮮，多出類拔萃之作。

「最初的戀愛差不多等同我人生的全部。」這位歷史上閃亮的浪漫派詩人，與謝野晶子曾經這麼說。為了讓《明星》雜誌家傳戶曉，她未來的伴侶與謝野鐵幹來到關西舉辦文學會。話題豐富、談笑風生的與謝野鐵幹把少女心湖打亂的同時，也注意到才華洋溢的對方。命中注定兩個人會互相吸引，時為 1900 年夏天。

與謝野鐵幹在德山女學校任教的四年裏風流倜儻，男女關係一直受到矚目。認識與謝野晶子時，他已是有婦之夫。然而與謝野晶子為了追隨心愛的男人，依然無懼他人目光，做出癡情又荒

與謝野晶子的詩作（圖片由孫實秀先生提供）

唐的決定：離開關西遠赴東京。最後與謝野鐵幹跟妻子離婚，為與謝野晶子製作《亂髮》詩集後共諧連理，兩人共育有子女十二人。

撇除熱烈大膽的戀愛，再出色的詩人在國家大事面前，若價值觀與主流社會相異，亦難免會受到批判。曾經欣賞與謝野晶子文采的大町桂月，就因此公開批評她的反戰詩作，認為當中展現出不忠君愛國的思想。例如〈君死にたまふことなかれ〉（你不要死）是詩人以姐姐的身份，側面描寫離鄉十月的弟弟家中情況的作品，從老家、母親、懷胎妻子的心情都絲絲入扣地寫入詩中。與謝野晶子除了點明日俄戰爭中日本軍隊的目的地旅順，還直接抨擊天皇不會上戰場、視平民生命如草芥的殘酷事實。容易被熱血沖昏頭腦的戰爭期間，大町桂月堅決認為文學作品亦需要為國家服務。最後經過與謝野晶子的丈夫與謝野鐵幹及其他小說家出面調停，大町桂月才收回「亂臣賊子」的抨擊，事件告一段落。

1911 年，日本歷史上第一本女性文藝雜誌《青鞜》創刊，與謝野晶子亦有詩作投稿。第二年，為了愛情，與謝野晶子展開追隨丈夫與謝野鐵幹西行巴黎的瘋狂旅程。因為要努力籌款準備出航費用，《新譯源氏物語》的序文校正亦改由森鷗外幫忙承擔。在《讀賣新聞》「新女性」連載展開下，與謝野晶子的出國之行成為頭條新聞。出發時還有女性文學家平塚雷鳥等五百人送行。回國兩年之後，與謝野夫婦共同執筆提倡女性教育的必要。1921 年，為了提倡男女平等教育，他們聯同建築師西村伊作、畫家石井柏亭等設立御茶水駿河台文化學院。這是日本最初以男女共同學習為目標而創立的學院。

雖然在日俄戰爭時代，與謝野晶子曾因反戰思想濃厚而受另一位詩人大町桂月抨擊，但是在 1910 年代的第六潛水艇沉沒

與謝野晶子

事件、第一次世界大戰，以至 1931 年九一八事變期間，與謝野晶子亦寫過美化及鼓吹戰爭之作，作品皆收錄在 1942 年出版的《白櫻集》。

與謝野晶子曾經在三十四歲時重新演繹平安時代的小說《源氏物語》，寫下《新譯源氏物語》。但在忙於調配外遊資金、非源氏專家森鷗外訂正出錯，加上關東大地震中原稿化為飛灰種種陰影籠罩下，與謝野晶子最後不得不再花十七年時間才寫下《新新譯源氏物語》，在 1939 年完成六大冊。

與謝野晶子除了在女性思想解放以及教育方面不遺餘力，亦敢於對社會的荒謬、政府政治加以批判。西班牙流感疫情期間，與謝野家共有十一名孩子，其中一名孩子在小學受感染後，傳染至整個家庭。故此，她在《橫濱貿易新聞》（今《神奈川新聞》）批評政府沒有提早防範疫情發展，尤其對於人多密集的地方沒有強行實施人流管制封鎖，提出應該派遣警察去提醒及疏散聚集。

1940 年 5 月，與謝野晶子因為腦出血導致右半身不遂，兩年後由於心絞痛與尿毒症併發，在東京的家中撒手人寰。

依稀彷彿，我們看到女詩人甩一甩漂亮的長髮，微笑遠赴比巴黎更遙遠的天國，追隨七年前先走一步的夫婿去了。

與謝野晶子紀念郵票

❀ 與謝野晶子訪港：1912 年 10 月 27 日

　　1911 年，日本歷史上第一本女性文藝雜誌《青鞜》出版。11 月 8 日，與謝野鐵幹從橫濱乘搭遊船前往歐洲。從他寫給妻子的書簡當中，可以讀到他在香港旅遊的經歷以及他對香港的印象。

　　1911 年 11 月 20 日，與謝野鐵幹抵達香港，乘搭纜車登山。在乘搭纜車登山期間，他發現竟然能夠邊登山邊把維多利亞港內的景色盡收眼底，令他非常吃驚。除此之外，與謝野鐵幹亦有在船上暢遊維多利亞港，遠望香港的夜景，景色在與謝野鐵幹眼中如同金銀珠寶散佈山頭，閃閃生輝。他又留意到維多利亞港內總共有三首日本軍艦，其中除了伏見宮博恭親王的「伊吹」外，還有「宇治」——話說原來與謝野鐵幹的郵船來到香港之際，親王因為代表明治天皇參加暹邏王的加冕儀式，前往曼谷途中正路過香港。與謝野鐵幹還提到，他在香港時托人代買籐椅，價格意外地便宜。為何與謝野鐵幹要特別提到籐椅呢？旅行途中購買椅子在今天可能匪夷所思，但在二十世紀初，途經香港時購買籐椅卻是很多外國旅客都會做的事情。在澀澤榮一及杉浦讓的《航西日記》中就寫到前往歐洲的旅客都會在香港購買籐製品，除了椅子之外還有籐床、籐席、扇子或南下到其他熱帶地方需要用的帽子。因此籐製品可以說是當時香港的一大「手信」或「土產」，當時香港其他著名的產品還有白檀楠木箱、中國絹傘、扇子，以及其他籐製工藝品。

　　有關與謝野夫婦歐遊的事情，瀨沼茂樹在《日本文壇史》有詳細的記載。與謝野晶子在丈夫前往歐洲後，決定經由西伯利亞前往巴黎。外遊的費用和離開國家時的安家費，通通都需要妥善

安排。東京日日新聞社、實業之日本社、三越吳服店（今三越日貨公司）等都曾經給予資助，另外與謝野晶子還透過森鷗外穿針引線，得到日比翁助的一千日圓補助。當時她正埋頭苦幹的《新譯源氏物語》餘下的校對就交由森鷗外負責——雖然森鷗外是當代著名的大文豪，但是比起與謝野晶子，他對《源氏物語》的認知略有不足，而有關這次翻譯所遇到的困難，也成為了兩夫婦前往歐洲背後的小插曲。

資金籌措完成後，下一個要面對的難題就是孩子的生活起居。當時十一歲的長男與謝野光，曾經在回憶錄中憶述，明治四十四年他們曾經從同一地區的中六番町搬家，由父親的妹妹、年輕守寡的姑媽阿靜負責照顧。出發前，與謝野晶子對孩子們命令道：「姑媽會過來，你們好好加油。」

與謝野晶子出發前往歐洲的日子是明治四十五年 5 月 5

維多利亞港，攝於戰前。（圖片由張順光先生提供）

日，在旅程期間明治天皇駕崩，年號從明治變換成大正。因此講述 1912 年時，它既是明治四十五年，也是大正元年。

　　與謝野晶子在東京新橋站出發，首先前往位於北陸地區的敦賀，沿海路前往俄羅斯後，再經西伯利亞鐵路前往巴黎。當時送行的人接近五百名，當中知名人物還包括日本女性解放家平塚雷鳥。至於與謝野晶子出發時寫下的短歌，後來則造成石碑存放在俄羅斯的遠東聯邦大學。

　　與謝野晶子在歐洲期間，曾經拜會名雕塑家羅丹（Auguste Rodin）。他的著名作品「地獄之門」，現在還存放於東京上野公園國立西洋美術館正門。過了幾個月，與謝野晶子在外國思鄉病發作，對孩子們的惦念令她的情緒極為不安，加上在德國期間經婦科醫生近江湖雄三診斷後，證實懷有身孕。與謝野晶子藉此機會下定決心，留下丈夫在歐洲，獨自打道回國。

經過西伯利亞鐵道旅程後抵達巴黎並展開歐洲之旅的與謝野晶子，在 5 月 19 日決定回國後，於 9 月 1 號來到法國馬賽港口，乘搭客貨船平野丸回日本。在平野丸上經過丈夫曾經提及的香港，獨自踏上歸途的懷孕詩人眺望着香港的美景，寫下書信給丈夫形容香港景色，當中寫到：

> 你往日對我說過，香港夜晚的燈光如同珠寶。當船隻駛入港口已是黃昏，我走出甲板，過分耀目的光線令我目眩。

與謝野晶子還特別留意到香港島的山脈，形容他們比京都的圓山要大十倍。在山坡樹木之間的房屋，亮起藍、黃、紫三色的燈光，再加上海邊紅色的火把，同時映照於維多利亞港海面之上，情景漂亮得出乎想像。

早上，與謝野晶子從船上遠望這個依山而建的城市，風景亦不遜夜間，使人心情愉快。可是，當有些商販擺出黃銅器皿來兜售，而且硬要從左右兩方把有圖案的絹強行展示給旅客時，對於商品她形容「布料上的孔雀圖案只是斑駁地塗上永遠不會變的藏青色」。貨品並未吸引到與謝野晶子，對於商販的態度，她亦明顯感到不悅。

大概是因為孕中的關係，此刻與謝野晶子的心境較為複雜，在其文字紀錄中，我們可以發現與謝野晶子曾經受書信問題困擾，其中提到「感慨的是即使來到香港，仍然收不到來自東京的信札」。與謝野晶子對孩子的思念亦可見於她寄予孩子的明信片中。她在旅途中一直惦記家中的小孩，經常使用小朋友看得懂的片假名寫明信片給孩子。至於船隻停泊在香港時的感慨，大概既是作為母親，也是作為妻子的憂傷情緒吧！

1912 年 10 月 27 日，與謝野晶子安全抵達日本。她乘搭的

平野丸卻沒有那麼幸運，這艘 1908 年峻工的客貨船，在 1918 年第一次世界大戰中，被德國海軍潛水艦在英國附近擊沉，船上二百一十人遇難。這也是第一次世界大戰中，死亡人數最高的日本商船意外。

回到日本之後兩年，與謝野夫婦兩人合著一書，記錄他們歐遊的經歷，更提出教育自由以及女性教育的必要。在歐洲遊歷的四個月，再加上沿途各個停學點的所見所聞，大概對夫婦二人的人生和思想都有莫大的影響吧！

	所屬地區	景點	官網
旅遊資訊	東京都	与謝野鉄幹、晶子旧宅・東京新詩社跡 渋谷区道玄坂 2-6-12	
		与謝野晶子、鉄幹墓 多磨霊園 府中市多磨町 4-628	
	大阪府	さかい利晶の杜 与謝野晶子記念館 堺市堺区宿院町西 2-1-1	https://www.sakai-rishonomori.com
		与謝野晶子生家跡 堺市堺区甲斐町西 1-1	
		「山の動く日きたる」詩碑 堺女子短期大学 堺市堺区浅香山町 1-2-20	https://www.sakai.ac.jp

夏目漱石在《心》這部小說中透過主人公之口，提出「明治精神」的概念。不足半個世紀，日本分別擊敗亞洲的天朝大國中國與歐洲列強之一的俄羅斯，奠定了強國的地位，躋身帝國主義陣營。

雖然這時期前往歐洲的人數在整體國民中依然有限，但比起以往出遊的日本人大都有着清晰的外遊目的，大正年間的日本旅人們有部分卻並無明確目標，他們的身份和職業亦十分多樣。

戰爭的勝利讓部分日本人意識到日本是拯救亞洲人的存在，自信心亦逐漸提升。1917年，從新加坡前往地中海支援協約國的海軍中尉片岡覺太郎更豪言：「橫跨亞非兩大洲間的廣闊海面，為旭日旗所壓制，實際置於帝國實力之下，實在痛快！」對國際形勢開始有一定視野的日本人，抵達外國殖民地如香港時，不再單純驚訝於殖民地的先進建設，反而開始思考殖民地的管治與發展，以及社會民生文化現狀，與早期的旅人截然不同。尤其是在航程中目睹第一次世界大戰之後大英帝國的動搖，對日本在亞洲的前路不乏思考。

第四章

大正時代（一九一二至一九二六）到訪香港的日本名人

河東碧梧桐

Kawahigashi Hekigotō

✦ 河東碧梧桐小傳

　　日本愛媛縣文學名人輩出，夏目漱石就曾經居住並且寫下《少爺》，除此之外，他的好朋友俳句宗師正岡子規，以及正岡子規的兩位俳句詩人弟子河東碧梧桐和高濱虛子都出身自愛媛縣。

　　河東碧梧桐跟高濱虛子有個雅致的別名：「子規門下雙璧」。雖然青少年時代兩人有着深厚的友誼，但在藝術層面，兩人卻是站在守舊派與新派的激烈對立面。

　　俳句是日本文學作品中一種體裁，有特定的格律，使用五‧七‧五的句式，共計十七個音。他們會在句子中放入「季語」，又使用特定的詞彙如「かな」、「や」、「けり」去潤飾。至於內容，詩人經常會透過俳句，情感豐富地歌頌大自然之美。河東碧梧桐是一位提倡自由創作俳句的詩人。不單止不需要硬性使用季語，也沒有既定的規則，情之所至，即出口成文。

　　1873 年 2 月 26 日，時為明治維新第六個年頭。本名秉五郎的河東碧梧桐出生於愛媛縣松山市。河東碧梧桐的父親名叫靜溪，在松山藩藩校「明教館」執教鞭。後來廢藩置縣，他就舉辦了「千舟學舍」。話說在司馬遼太郎的歷史小說《坂上之雲》裏，正岡子規亦曾經到訪千舟學舍，在那裏學習漢文、漢詩。

　　今天的愛媛縣立松山東高等學校，以前名稱叫做伊予尋常中學校。河東碧梧桐就是在這裏遇見人生中最重要的朋友和勁敵——高濱虛子。他們因為都有志於文學，迅速成為知己好友。在正岡子規的薰陶下切磋琢磨，成為二十世紀初期日本文學史上耀目的兩顆新星。

　　兩人的寫作風格上的分歧，在正岡子規過身之後漸趨鮮明。

松山城

高濱虛子主要投稿在一本名叫《杜鵑》的雜誌，至於河東碧梧桐的主場，則在一份名叫《日本》的報紙。他們的創作活動以及門生，也鮮明地分開兩個不同的派別。

　　1903 年，河東碧梧桐發表「溫泉百句」，高濱虛子隨即批判並展開「溫泉百句論爭」，新時代的俳句應運而生。三年之後，為了弘揚自己的創作理念，在全國旅行——「三千里之旅」期間，河東碧梧桐不但在生活中把隨時蜂擁而至的情感真摯地記錄下來，又靈機一觸想到了新的變化，從五‧七‧五定型轉移到自由律的格式。隨後，與荻原井泉水創辦《層雲》，擁護河東碧梧桐的詩人如雨後春筍，文壇生機盎然。然而在 1915 年，兩人由於意見分歧分道揚鑣，河東碧梧桐又自行創辦了俳句雜誌《海紅》、《碧》、《三昧》。

　　我們不妨看看河東碧梧桐五十來歲的時候，如何記錄自己在孤身上路時，寂寥冷清的一幕：

一軒家も過ぎ落葉する風のままに行く

句子的意思大約是「悄悄別過燈火闌珊處，如落葉般隨風而去」。經歷了半個世紀各種各樣的邂逅與別離，情景交融的表達大概就是這樣子吧。

話說，正岡子規對於自己門生的寫作傾向和態度，曾經有過這樣的評價：

> 碧梧桐冷靜似水，虛子熱烈似火。碧梧桐視人猶如見無心草木；虛子視草木猶如見有情人像。

1933 年，河東碧梧桐高調發表引退聲明。引退時聲稱原因是對創作的熱情衰退，但也隱含了對高濱虛子的抗議。不過後來河東碧梧桐依然繼續做新聞記者，並且出版著作《碧梧桐句集》、《新傾向句集》、《八年間》。

1937 年 12 月 1 日，河東碧梧桐撒手人寰。高濱虛子為突然過身的河東碧梧桐寫下悼念的詩句，紀念這位人生中難得的好友。

河東碧梧桐長眠在東京的寶塔寺，這裏也是他父母埋葬之地。如果今天你走到「碧梧桐墓」跟前，墓碑上蒼勁有力的筆跡，就是詩人晚年的自筆。自己的墓碑自己寫——各位聽畢，大約都悸動不已吧？衝破定律挑戰新作風，不願墨守成規的河東碧梧桐，到長埋黃土的一天依然超脫世俗。

❀ 河東碧梧桐訪港：1918 年 4 月

　　關於河東碧梧桐訪問香港的具體日子，我們並沒有確實的紀錄。但是，根據他著作中描寫的香港風景與感受，可以想像他在香港的日子並不會太短，而且不是以過路人的身份到訪，而是專程前來找尋他心目中想要的東西。

　　當一個人去到別的國家，總會拿自己成長的地方跟眼前的景象互相比較。河東碧梧桐跟過往的日本訪客不同之處是逗留時間比較長，透過他的文字可以知道，他很想比較英國殖民地下香港的發展與明治維新過後現代日本的優劣。

　　在旅遊配套方面，河東碧梧桐很在意香港膳食水準，亦很關心酒店的配套以及發展。畢竟在他心目中，旅遊人士都會在酒店度過幾個晚上，酒店現代化與否，間接反映出這個城市文明的程度，以及它給予外國人怎樣的形象。

　　對於當時香港最著名的酒店──香港酒店，河東碧梧桐讚嘆之情表露無遺。雖然建築物略嫌陰沉，以至在白天也需要亮燈，但是室內的裝飾和設備卻令到遠離自己國家、來到亞熱帶地區旅行的人士得到撫慰。從地氈的顏色到花草樹木、沙發家具都給予客人極好的印象，足以忘記炎熱天氣。雖然他在日本也到訪過日本首屈一指的帝國酒店和東京車站裏面的車站酒店，但他認為跟香港比較下依然是高下立見，相形見絀。河東碧梧桐表示，酒店之間的區別首先是管理的問題，其次是酒店的硬件軟件設備是否完善。當然，擺脫鄉土氣息、擁抱文明社會也相當重要。

　　河東碧梧桐對於香港的觀察，還包括普通平民的建築以及日本女性在香港的悲慘遭遇。跟普通的旅客很不一樣，雖然他對於西方文明影響下的香港酒店感到讚嘆，但並未完全美化殖民地政

府對香港的治理。

有關市容方面，河東碧梧桐詳細描繪了 1918 年香港市面上街道的排列和色調：香港的建築物受敬畏自然的思想和英國傳統氣質的影響，除了灰色和紅色的磚瓦之外就沒有其他裝飾的色彩。無論樓上樓下都面向馬路，半圓形的天窗層層相疊。樓房底層有讓行人通過的通道，樓上是室內的走廊。雖然這些樓房的結構和顏色相近，設計實用且適合居住，卻不重視藝術性，支柱更異常地粗大。窗口通常都有正在晾曬的紅色布料、白色毛氈、深藍色衣物，點綴着正式的樓房。這些建築物的背後是翠綠的山嶺，其不規則的線條跟流暢的配搭看到自然也看到人為。鱗次櫛比的街道，由一座高山遮斷，這是香港才能看到的特殊景觀，是香港特有的情調。

在眾多早期日本人對香港留下的旅遊紀錄當中，最能揭示禁忌話題——「娘子軍」的旅客非河東碧梧桐莫屬。在明治時代的篇章裏，1900 年曾經到訪鶴屋旅館的夏目漱石，以及 1911 年前往英國期間在香港短暫停留的乃木希典，都記錄了日本婦女飄洋過海從事娼婦工作的感受，以及自己對她們工作環境的意見。

只要讀過早期來港日本移民的生活，都會對灣仔一帶的娼妓有所認識。位處九州邊陲地區的島原盛產娼婦，無論禁止出國的法律定得多麼嚴密，她們都有辦法避開。河東碧梧桐曾經在九州長崎縣的島原地區見過在海外出賣身體後，帶着財富回日本的娼婦們建立的家。他形容這些建築在農地之上的房子窗戶開得奇怪，牆壁也塗抹得如同雄偉的倉庫。雖然這些娼婦都有親人朋友，但她們對於自己的子女或姊妹偷渡似乎不當一回事，就好像跑到熊本附近打工差不多。這些當娼妓的女子一旦患病回鄉，康復後又會再次離鄉工作。即使有重病在身，她們也不會組織固定的家庭，反而會選擇悲慘地過世。河東碧梧桐本着對她們生活

的同情，終於來到香港，希望親身接觸離開日本到外地謀生的娼妓。

河東碧梧桐來到香港灣仔地區住着日本婦女的樓房，首先觀察她們的工作環境：不論中式或西式的房子，都用磚瓦蓋建，地上鋪上榻榻米，房間裏面是西式的睡床和化妝鏡。只要離開榻榻米空間，就需要穿上鞋子。因此榻榻米房門前，總雜亂無章地堆滿木屐和鞋子。日本的酒杯放在美國製的鐵盆上、日本的飯菜用中國筷子進食等華洋雜處的氣氛讓他感到驚奇。但對於灣仔的娼妓們這種不協調的程度，他選擇用新眼界去面對：在極端不統一中，反而發現另一種整合，這種文化的對抗和融合在他眼中變得非常有意思——灣仔日本娼妓集中地，正正就是這種特色的試管。

在河東碧梧桐的香港遊記中，除了提到日本娘子軍的工作環境，還有她們在香港生活的詳細紀錄。工作時她們穿着日本織物友禪[1]，回到房間也會整齊地穿上合身的和服單衣。早上她們會用煤氣爐烤麵包，晚上則在膳台上品嚐刺身和吸物[2]。她們既懂得唱外國水手的歌曲，也懂得彈奏三味線。這些日籍女子身上帶有啤牌，而《百人一首一夕話》亦攤在鏡台上；在意大利錫釉彩陶煙灰碟的旁邊，又置有江戶時代保存金幣的「千兩箱」。她們不受妓院老闆的管束，而是與擁有房屋和家具的金主合作。十個年齡相近的女子同居於一室之內，卻不會有幾個女子走在一起容易發

1　友禪（ゆうぜん），日語漢字「友禅」。一種把扇繪染色技術，應用在布料的印染手法，以創立人宮崎友禪齋命名。多採用人物、花鳥等華麗圖案，在和服之類布料進行染色。京都是友禪的發源地，以古風獨花紋與琳派藝術聞名，並輔以刺繡、金箔裝飾，於 1976 年被指定為「傳統工藝品」。

2　吸物（すいもの）。日本料理之一，使用日式醬油和出汁（以海帶、鰹魚乾等食材煮成湯底），加入魚類或蔬菜調味煮成的湯，亦稱作羹。通常會加入豆腐、椎茸（冬菇）、三葉（鴨兒芹）、蒲鉾（魚糕）等食材。

生的排擠及鬥爭，建立起和平但不合常態的家庭。人與人之間雖沒有明文規定，卻有來自內心的不成文法律。她們的相處模式和態度使河東碧梧桐甚為感動。

透過河東碧梧桐的遊記，我們知道這些到海外謀生的娼婦對大部分日本人來說是國恥。但勇敢的河東碧梧桐提出娼婦是否應該存在不是風化問題，而是人類獸性本能的問題；在到訪灣仔的日本娘子軍營業地區參觀過後，他向日本國民清楚說明正人君子們要是能走進娼婦們的生活仔細觀察，當中定能學習到很多東西。

旅遊資訊	所屬地區	景點	官網
	東京都	**河東碧梧桐墓** **梅林寺** 台東区三ノ輪 1-27-3	
	兵庫縣	**河東碧梧桐詩碑（洲本市）** 兵庫県洲本市宇原 文学の森	
		河東碧梧桐詩碑（神戶市） 神戸淡路鳴門自動車道洲本 IC 国道 28 号、宇原交差点 を右折、県道 473 号線	
	愛媛縣	**河東碧梧桐誕生地** 松山市 3-4	

Hirohito

❀ 裕仁小傳

如果要數日本歷史上最廣為人知的天皇，於 1926 至 1989 年在位的昭和天皇實在當之無愧。

1901 年 4 月 29 日，皇太子明宮嘉仁親王（後來的大正天皇）和皇太子妃節子（後來的貞明皇后）的長子於東宮御所誕生。5 月 5 日，明治天皇為孫子取名「裕仁」，並賞賜了「迪宮」的稱號。嬰兒時期的裕仁由樞密院顧問川村純義伯爵養育，後來伯爵過身後又回到了東宮御所。七歲時就讀學習院初等科，在乃木希典院長的薰陶下學習。相比起直接教育，乃木希典偏好使用「感化」的方式，培養少年的迪宮裕仁作為未來天皇的自覺。例如提醒他即使下雨也要徒步上學，以培養其堅毅不屈的精神。

裕仁學習院初等科畢業之後在高輪的東宮御學問所學習，總裁是明治時代知名海軍將領東鄉平八郎。評議員一干人等中，包括東京帝國大學總長山川健次郎——他的妹妹正正就是陸軍將領大山巖的夫人大山捨松。跟皇太子裕仁一起學習的學友共五名，其他老師還包括東京帝國大學教授白鳥庫吉、服部廣太郎、杉浦重剛等當代的一流學者。

1916 年，十五歲的裕仁被立為皇太子，接着又選定了皇太子妃——久邇宮良子。二十歲那年，由於父親大正天皇患病，隨即出任攝政，其後在 1926 年二十五歲時繼位，改元「昭和」——出自中國古代典籍《尚書》：「百姓昭明，協和萬邦」。

青少年時期的裕仁在父親身體抱恙期間，曾經前往歐美探訪。1921 年，他乘坐軍艦出發前往英國訪問，為維繫英國皇室與日本皇室的友好關係不遺餘力。這亦是日本歷史上最早一次皇太子的海外親善訪問。除了英國之外，他還到過歐洲其他國家巡

御同乗の英國皇太子と東宮殿下

訪英的裕仁

ロンドン宮殿に於ける在留日本の子女は東宮殿下の御通輦（東宮御渡英記念）

旅居英國的日本人歡迎裕仁

144

遊，增廣見聞。

裕仁大婚之前，曾經發生過良子色盲遺傳因子事件，史稱「宮中某重大事件」。事件的起因乃由於良子的兄弟都有輕微的色弱，裕仁和良子的婚事因而受到明治政府元老山縣有朋的反對。後來經過醫學查證，加上重重的政治角力，訪問台灣後經歷虎門事件的裕仁終於在大正十三年完婚。前後攝政的人物包括曾經出席巴黎和會的西園寺公望、宮內大臣牧野伸顯（後來的內大臣）。1926 年的聖誕節，大正天皇駕崩後，裕仁隨即舉行登基儀式。翌年，裕仁為父親大正天皇舉辦了盛大的葬禮，再之後一年才在京都舉行即位大典。

「難道此乃朕之志向乎，非也」這句說話，曾經出現在第二次世界大戰的開戰詔書。1941 年的御前會議當中，日本確認了戰爭已經不可回避。但作為軸心國的虛君，裕仁本人一直抱持戰爭回避主義的態度。珍珠港事件發生後，美國的參戰促使了第二次世界大戰的完結。透過 8 月 15 日的玉音放送，日本國民第一次聽見天皇的聲音。

在佔領下天皇的大權落入聯合國總司令官手上，雖然戰後曾經出現的天皇廢除運動曾經風行一時，但裕仁致力復興發展，始終捕獲日本國民的心。在戰後發展的同時，天皇以國家象徵的身份迎接多國國賓，歐洲等皇室外交政策的推行，都是裕仁天皇及香淳皇后開創的先河。

1989 年 1 月 7 日，裕仁以八十七歲高齡駕崩於東京吹上御所，死因為十二指腸癌。兒子明仁繼位，改元號「平成」，史稱平成天皇。香淳皇后比裕仁更長壽，一直活到 2000 年，享壽九十七歲。

明治維新後，日本參加第一次世界大戰並成為戰勝國，成功晉身世界五大國。雖然日本人民生活質素提升，但大正天皇體弱多病，人民把進一步提升國力的希望寄託在皇太子裕仁身上。

以內閣總理大臣原敬為中心的重臣都希望裕仁親王出國探訪，與守舊派大臣形成對立局面。最後在大正天皇裁決下，年輕的皇太子裕仁於 1921 年出發前往歐洲訪問。

1921 年 3 月 3 日上午 11 時 30 分，鹿島與香取兩艦從橫濱啟航。它們都是日俄戰爭後啟用的英國舊型戰艦，分別由維克斯公司和阿姆斯壯公司打造，最適合用來表現日本與英國的友好關係。出發前，香取進行特別改裝，增設「御座所」和「御寢室」。順帶一提，皇太子到訪香港後二十年，日軍佔領香港，將九龍兩條骨幹街道改名「香取通」和「鹿島通」，無獨有偶就跟皇太子到訪香港時乘搭的戰艦同名。

裕仁於 3 月 6 日抵達沖繩，然後在 3 月 10 日來到香港，而香港也正是皇太子第一次踏足的外國領土。根據東宮武官長奈良武次的日記，1921 年 3 月 10 日上午 8 時半船隻駛入香港時，香港政府隆重其事接待，英國巡洋艦「麻鷸」（Curlew）先對英國國旗鳴放禮炮，接着又與英國軍艦交換禮炮。日記又提到：

　　9 時 30 分香港總督帶着兩名副官前來拜訪，殿下在座上接見，互相寒暄，約十分鐘後辭去。總督的姓名為司徒拔（Sir S.E. Stubbs）。到了上午 10 時，皇太子前往英國巡洋艦麻鷸（Curlew）回訪總督。供奉長珍田捨己、奈良武次、東宮職御用掛山本信次郎隨行。

與裕仁歐遊相關的資料，除了隨行的奈良武次有留下日記外，在官方紀錄中都可以找到。如果細心閱讀，可以發現奈良武次在 3 月 10 日的回顧中提過「不逞鮮人」令他們的計劃有變，甚至出動到了替身。到底，這不逞鮮人是什麼回事呢？

日本作家西木正明的歷史小說《冬天的杜鵑》出版於 2002 年，記錄了無數日本人、韓國人、香港人都不知道的歷史——1921 年朝鮮激進派獨立團體義烈團趁皇太子裕仁到訪香港時的暗殺計劃。作者做了大量歷史考究，為我們揭開背後的神秘面紗：自從報章上刊登了皇太子前往歐洲的路線之後，朝鮮激進獨立分子義烈團就展開了兵分多路前往香港的計劃。正因計劃洩露到日本以至英國政府方面，所以在奈良武次的日記裏才會提及要加強保護皇太子。

二十世紀初，朝鮮人分成了兩個極端，一則希望倚靠外國勢力爭取獨立，一則希望使用武力把世界推向混亂、置之死地而後生。前者以後來大韓民國總統李承晚、李東輝為主；後者以義烈團為代表。

小說裏這樣描寫：

> 綁架倭奴將來的天皇第一階段目的就是釋放同志。第二階段自然就是光復。就算釋放了同志，我們都會繼續拘留裕仁，第二階段的光復會給日本政府一個時限，跟其他國家例如美國英國等等也要有約定。裕仁將來是會成為天皇的……如果光復的要求被拒絕的話，以已被釋放的同志為中心一齊蜂擁而起，與倭奴直接進入戰爭狀態吧。

有見局勢緊張，皇太子裕仁及他的團隊不單找了侯爵小松輝久海軍中將擔任影子替身，而且讓皇太子大部分時間都停留在戰

艦上曾見嘉賓及香港的口箭居民 官方紀錄還揭到有在港的日籍小學生上戰艦，為皇太子高歌兩次《君之代》。1988 年的《文藝春秋》雜誌中，年老的裕仁天皇回想當年，說自己表面上用替身小松輝久從船上登岸，其實他暗中也上岸了。他不但瀏覽過香港的市容，還到過淺水灣、赤柱散步，到青洲視察燈塔，又在英國軍艦上跟港督、司令官等吃午餐。「可惜一般的東西都沒有看，看到的都是大炮和要塞」——他口中「一般的東西」，大約就是其他日本遊客慕名前往的山頂、山頂纜車，還有香港花園和天星小輪吧！

在到訪英國、法國、比利時、荷蘭、意大利之後，7 月 18 日皇太子裕仁踏上歸途，9 月 3 日返抵橫濱。幾個月後，盡心竭力實現皇太子訪歐之旅的原敬在東京車站被暗殺。第二年的 4 月 12 日，英國皇儲愛德華王子回訪日本，作為裕仁訪英的回禮。英國皇儲參訪日本，是英日同盟成立二十年雙方友好氣氛的最高點。

1921 年大阪每日新聞社出版的《皇太子殿下渡歐紀念照片冊》中收錄了香港市面的照片，到現在還是研究早期香港的珍貴文獻。

旅遊資訊	所屬地區	景點	官網
	東京都	皇居 東京都千代田区 皇居外苑 1-1	https://fng.or.jp/koukyo/koukyo/
		昭和天皇陵墓 東京都八王子市長房町 武藏陵墓地	https://www.kunaicho.go.jp/ryobo/guide/124/index.html

鈴木梅四郎

Suzuki Umeshirou

❀ 鈴木梅四郎小傳

喜愛購買日本貨品的香港人，想必不會對「王子製紙」旗下的品牌「nepia」感到陌生。無論是家用紙巾還是企鵝標籤的口罩，都是這個一百五十年老字號的得意之作。

在北海道新千歲機場所在的千歲市，有一個鈴木梅四郎翁頌碑。1862 年在長野縣出生的鈴木梅四郎，既是明治年代王子製紙北海道苫小牧工場的元老級負責人，同時也是實業家、社會運動家及政治家。

鈴木家在德川幕府年代的信濃國以務農為生，梅四郎是鈴木龍藏的次子。有關他童年及少年期間的事蹟並不多，只知道他為了賺取學費，曾經在福澤諭吉介紹下於時事新報社兼職，1887 年畢業於慶應義塾。後人從他寫的《福澤先生的書信》可以想像到他對福澤諭吉的敬愛。

1891 年，二十九歲的鈴木梅四郎在福澤諭吉的推薦下，成為橫濱貿易商組合的顧問，同時間還擔當《橫濱貿易新聞》的主筆。對於前輩的提攜教誨，鈴木梅四郎一直感銘於心。正巧福澤諭吉的外甥、後來被稱為三井中興之祖的中上川彥次郎進入三井，並着手進行銀行的大改革。這位慶應義塾畢業又有新聞記者經驗的鈴木梅四郎在因緣際會下，遂於 1894 年入職三井銀行。順帶一提，鈴木梅四郎兼職年代的時事新報社社長，就是中上川彥次郎。後來因為王子製紙需要人手，於是 1902 年起，鈴木梅四郎開始投入王子製紙北海道苫小牧工場建設。這就是今日在北海道有紀念碑紀念他功績的由來。到了 1919 年，他還負責過台灣宜蘭製紙工場的發展。

雖然說製紙跟社福並沒有直接關係，但鈴木梅四郎的社福構

思　「社會化醫療」的起源點可見源自工了製紙時代的絕倫。當時，王子製紙的靜岡磐田郡中部工場醫療局雖然設備齊全，可是由於交通不便，周邊地區都有醫生不足的狀況發生。有見及此，鈴木梅四郎讓駐工場的醫生前往診察居民，並只收取往常一半的費用。在深入了解日本醫療體系後，為了解決醫務所不足的問題，針對社會中下階層需要，他和醫生加藤時次郎在 1911 年設立了實費診療所，地點在東京府的京橋區。接着在當時眾多醫生質疑及反對下，大阪、橫濱亦相繼成立實費診療所。

鈴木梅四郎的社會化醫療的思想，並非外來的社會主義制度。在他的著作《醫業國營論》復刻版當中，實費診療所的第四代理事長就重申，鈴木初代所長完全是從自由主義者的立場出發，皇道思想貫穿了他的社會政策。而為了落實理想中的社會政策，鈴木梅四郎必須確保自己的政治實力。1912 年，他以無黨籍身份出戰眾議院議員選舉並當選，同年跟隨前輩犬養毅加入立憲國立黨。1917 年就任黨幹事長，提出「大正維新」的構思。他心目中的維新，目的是要「把富豪擁有特權的封建主義防範於未燃」。

鈴木梅四郎的構思與行動在十年間成績斐然，然而過程並非一帆風順。1922 年日本制定健康保險法例時，鈴木梅四郎將矛頭直指當中矛盾，予以嚴厲指責，並在 1928 年寫下《醫業國營論》，提倡以衛生省為頂點的醫療國營化。1933 年他開始推行免費診治，為社會化醫療試驗奔波。政府和內務省對於實費診療所設置申請的態度，亦漸漸轉為默認。1919 至 1929 年十年間，地方自治團體經營的診療所數目在全國增加至四十一間。

一心為國民追求廉宜安全醫療的鈴木梅四郎，終於在 1940 年 4 月 15 日因急性肺炎離開人世，享年七十八歲。

除了有關醫療的變革，關懷貧苦大眾不遺餘力的鈴木梅四郎

還寫過不少明治、大正、昭和年間日本社會層面的論文及書籍。例如今時今日香港人經常討論到的大阪四天王寺附近的貧民區，鈴木梅四郎早在百多年前的明治二十一年就在〈大阪名護町貧民窟視察記〉作了詳細的記錄，為後人了解社會歷史留下珍貴的研究材料。

❀ 鈴木梅四郎訪港：1922 年 3 月 2 日

歷史上曾經有一位日本社會運動家在香港歷史上一個重要的日子——1922 年海員大罷工期間路過香港，並且以外國人的角度寫下珍貴的紀錄。他正正就是關心社會弱勢社群、對世界各地政治經濟都如數家珍的鈴木梅四郎。

早在到訪香港前，鈴木梅四郎就跟普通的遊客不一樣，對香港的地理環境及政治形勢已有一定的認識。還未上岸，他已經深感英國人堅忍不屈，經過八十年的經營，開拓香港這個荒蕪小島，同時亦關注孫中山成立的廣州政府與英國政府之間的外交關係。

1922 年的 3 月 2 日，鈴木梅四郎乘搭榛名丸抵達香港。在船上吃過早餐後，位於香港的三井物產派來大山專一迎接他們，一行人換乘小船登上香港碼頭。才剛剛上岸，他們便立即感受到街頭充滿不安和動盪的氣氛，市面已經亂成一團。各行各業都有陸續加入罷工工潮的趨勢，連飲食業也不例外。部分華人更手提行李預備上廣州。百貨公司如先施、大新、永安等店舖門前，塞滿了住在山頂的太太小姐，她們手上拿着挽籃，正在搶購糧食。

為了維持市面秩序，全副武裝的英國士兵和印度巡查眼睛都閃着異樣的光芒。鈴木梅四郎雖然在上海時已經聽說香港發生海員罷工，可是來到香港才知道連同其他職業包括廚師、侍應、搬運工人，甚至園丁、保母等，很多人都同情罷工海員，因而決定加入。

　　關於罷工事態的發展，鈴木梅四郎亦有詳細的描述。從 3 月 1 日起，飲食行業以外，銀行、公司、商店，甚至家庭裏面的傭工都紛紛辭職，拿着行李回到廣東。可是他亦指出很多人都不是自願辭職，有人更因為擔心之後找不到工作而淌淚。根據他的描述，2 月 24 日上午 11 時 35 分，經營買賣船舶業務的貿泰公司副經理梁玉堂由於從上海、寧波一帶招來大批海員處理貨物，破壞罷工，被人在大阪商船的後巷、英女皇銅像的附近射殺。因此很多人一旦受到警告，都急忙執拾細軟逃亡。他亦記錄了帶領他們一行人從榛名丸上岸、在香港的三井物產工作的華人雜工，也有呼籲他人罷工。

　　對香港以及中國形勢有一定認識的鈴木梅四郎認為罷工的成因有三個：首先是中國工人和白人資本家之間的工資問題，其次是孫中山跟港督司徒拔之間的角力，最後是香港以及廣東之間的經濟利害衝突。這次的罷工是香港開埠以來一件大事，也可以歸類為白人與有色人種間的問題。

　　未知是否受到自己國家有派員參加巴黎和會的影響，鈴木梅四郎把罷工事件跟第一次世界大戰聯想起來。他認為中國固然無法不受到世界大戰的影響，但是物價的通脹並沒有其他國家嚴重，無論是香港還是廣東省，比較起日本國內的工錢還是相對低廉。因此在他眼中，工人的要求相當合理。

　　1920 年代初期，香港共有 124 個工會，包括各式各樣的工人。鈴木梅四郎在其文章中提到香港工人組織大聯盟，目標是跟

白人勢力對抗，爭取政治及社會上的權利。當時香港華人追求的可不是只有增加工資，他們的訴求是要讓華人跟上其他國家的人，過上同樣的文明生活。皆因當年在香港，不難發現華人在街上被鞭撻，而且華人的性命只需要六十元，價值竟然只是馬匹的四分之一！

然而，在鈴木梅四郎的眼裏，這些運動背後並不是只有工會支持，還有以孫中山為首的人士在幕後操縱。他相信廣東人有一種特別氣質，若果用日本做比喻，就像是薩摩藩的人。眾所周知，薩摩藩正正就是推翻幕府、推動明治維新的靈魂。廣東人相信，問題核心是在白人資本家管治之下，華人工人必須尋求種族和經濟問題的解決方法。鈴木梅四郎又提到當時香港坊間傳聞擔當罷工運動的中堅分子，必定是在外國生長——南方人稱為華僑的人，因為大同盟罷工收到外國華僑二十萬元的捐獻作為經費。作為到訪香港的日本旅客，鈴木梅四郎以經濟及社會學的角度去解讀香港，跟其他走馬看花去不同景點遊玩的人相當不同。

除了上面提過的撰於明治二十一年的〈大阪名護町貧民窟視察記〉外，鈴木梅四郎還有〈歐洲大亂之影響〉等作品，也是值得閱讀的社會學著作。

旅遊資訊	所屬地區	景點	官網
	北海道	**鈴木梅四郎翁頌德碑** 千歲市水明鄉	

草野心平

與印度詩人泰戈爾的
省港對話

❀ 草野心平小傳

每一年畢業季節，日本東北及關東地區多間中學，都會有草野心平作曲的校歌樂韻悠然響起。這位畢生鍾愛青蛙、被稱為「青蛙詩人」、「昭和最後的詩人」的草野心平，雖然在 1988 年與世長辭，作品卻留在現代小學國語書本及中學的校歌裏面，永遠陪伴新生一代。

然而，草野心平最為日本人所熟悉的卻是他那「世界上最短的詩」——〈冬眠〉，全文就只有一個「●」。至於另外一首詩作〈春殖〉，則是一大串的平假名「るるるるる……」。也許很多讀者跟我一樣摸不着頭腦，但後世文人評價這些作品時，無不讚揚他前衛創新。

1903 年 5 月 12 日，草野心平出生在明治時代的日本福島縣。草野夫婦育有三男兩女，最大最小的都是女兒。心平排行第三，除了大姐綾子，對上還有年紀輕輕就過身的哥哥民平。草野心平童年時並沒有在父母身邊生活，而是在祖父母的家裏被撫養成人。據說，童年的草野心平很淘氣，情緒起伏很大，就好像他故鄉阿武隈山的花崗岩一樣，堅硬又粗獷，是令大人難於捉摸和控制的孩子。

1919 年，十六歲的草野心平從家鄉的縣立磐城中學校退學，到東京考入慶應義塾普通部。過了不久，他又跑到廣州的嶺南大學（今中山大學）留學。陪伴草野心平前往嶺南大學的，是十六歲過身的兄長民平遺留下來的三本筆記簿。受到兄長留下來的詩和短歌啟發，心平繼承了兄長的遺志，開始寫作詩詞，在歌頌青春的同時，也在未來詩人之路踏出了第一步。1923 年的夏天，短暫回日本的草野心平把自己與過世兄長的作品合編起來結

集出版，是為《腐爛的嗽叭》。

1920 年中，中日關係開始惡化。草野心平也在 1925 年離開嶺南大學，回到日本。在廣州期間他曾經收到宮澤賢治的詩集《春天與修羅》，驚為天人。他後來創辦《銅鑼》雜誌時，就招攬了宮澤賢治、八木重吉、黃瀛等人。可是八木重吉後來參加了佐藤惣之助的《詩之家》雜誌，並沒有在《銅鑼》參一腳。

草野心平對萬物有情，對身邊的人亦有情。雖然八木重吉並未有參與《銅鑼》，草野心平還是親身到了千葉縣柏市探訪他；對於畢生未嘗會面的宮澤賢治，經由高村光太郎的牽線接到訃報後，草野心平也專程遠赴了宮澤賢治的家鄉——岩手縣花卷市弔唁。他們死後，草野心平還繼續介紹這些詩人們的作品，特別是宮澤賢治最初的文圃堂版《宮澤賢治全集》，為使其成功發行更是傾盡心血。

草野心平等不及畢業就離開廣州嶺南大學回到日本，但之後的生活並不好過。在貧居期間，他曾經當過新聞記者、屋台燒鳥店[1]員工、出版社校正等，更曾經歷三十次以上的搬家。1928 年結婚搬到群馬縣前橋後，雖然還是一貧如洗，卻在同年出版了他人生首部的活字印刷詩集——《第百階級》。整部詩集都以青蛙作為題目，往後草野心平的作品都離不開這小東西。其後他又與中原中也創辦了《歷程》雜誌。

年輕的草野心平曾經在廣州留學，因而懂得中文。由於他的大學同學成為了汪偽政權的宣傳部職員，熟悉中國的他曾擔任顧問。中日戰爭期間的 1938 年 2 至 4 月，更以記者身份來到中國的滿洲。在中國的日子裏他開過燒鳥店，戰爭完結後他回到日

1　燒鳥店（やきとりてん），日語漢字「 鳥店」。專門經營燒鳥（烤雞串）的食肆。燒鳥是把雞肉或內臟切成片，以竹籤串連，直接用明火燒烤烹調並以醬汁調味的食品，常見於日本居酒屋及小吃店。日文燒鳥亦包括雞肉以外的食材，例如菌類、青椒、鵪鶉蛋、牛舌等等，香港一般以串燒統稱。

本，也繼續經營名為「火之車」的燒鳥店。

草野心平的作品從《第百階級》之後就和青蛙結下了不解之緣，難怪在後世的人心目中，青蛙跟草野心平快要變成同義詞，而他喜愛的「森青蛙」，也成為了新潟縣佐渡島的名物。除了青蛙之外，富士山、天、石等也是草野心平作品的常見意象。追根究底，他的作品中心思想是「萬物共生」這獨特的意念。

除了寫詩之外，草野心平還有畫畫及其他創作活動，同時從事各種不同的職業。例如在戰爭後，他曾經在家鄉的小川鄉站前開過租借書店「天山」，又曾經開過吃燒雞的居酒屋「火之車」。他人生裏的小插曲多不勝數，例如 1935 年他曾經參與創刊的《歷程》，來到今天依然繼續出版中。

在他內容豐富又創新大膽的創作以外，草野心平最令人為之動容的，也許是他跟朋友之間深厚的牽絆。宮澤賢治、高村光太郎、中原中也等在他八十多年人生中留下雪泥鴻爪的每一位，他都真誠相待，留下扣人心弦的友情故事。

出生於文明開化的明治維新、成長於瞬息萬變的大正浪漫歲月，最後在起伏跌宕的昭和時期完結前畫上人生句號的草野心平，1988 年 11 月 12 日留下一千四百多篇作品與世長辭。

✿ 草野心平訪港：1924 年 6 月

曾經在廣州嶺南大學留學的草野心平，一生到過香港多次。第一次到訪香港是 1921 年從日本到廣州的時候。根據他的回憶，船隻在夜晚駛入香港時剛好踏入農曆元旦的黎明。第一次經

過香港的他從船上甲板看海邊的商店，炮竹的聲響響徹雲霄，老遠望過去煙霧迷濛。年輕的詩人在心中慨嘆：我已經從琴和三味線的家鄉，來到炮竹和銅鑼的國度了。

草野心平出生於明治時代，成長於大正時代。1924 年，二十一歲的他還在廣州嶺南大學讀書，聽聞世界上首位諾貝爾文學獎亞洲人獲獎者、來自印度的泰戈爾會過訪香港，隨即籌措路費，特地再赴香港前來見面。

前來香港之前一年，他曾經短暫回日本把過身的兄長及自己的作品結集出版；嶺南大學在學期間，他也組織過詩會。對於這位文藝青年來說，到香港與印度詩人泰戈爾會面除了好奇心驅使之外，還包含着希望邀請對方到自己學校演講的期盼。

雖說曾經來過香港，其實也只限於路過時在甲板眺望岸上的風景。這次草野心平花了八個小時，從珠江南下來到香港，隨即走到九龍的碼頭，等候泰戈爾乘搭的輪船。當年六十四歲的泰戈爾正值前往華北演講途中，乘搭歐洲的輪船來到九龍。

二十一歲的日本青年透過侍應轉達希望見面的請求，意外地獲得接見。根據他的回憶，這位印度人的相貌實在漂亮，容姿是足以把人捲進深海的美麗：他穿着深灰色的綿布長袍，沒有穿襪子，腳上穿着涼鞋。他的頭髮都已經變白，臉孔既不猙獰，也不柔和；瞳孔潤澤發亮，臉孔蘊藏着深淵般的靜寂及悲痛，說話聲音清澈如同銀鈴作響。雖然整體給人冰冷的印象，但握手時候卻熱情異常。草野心平在香港跟泰戈爾直接接觸，從大詩人才擁有的深邃眸子中感受強而有力的詩情，讓他們的交流雖然短暫，卻彷彿遠遠超乎單純的作品細味之上。

草野心平先前雖然拜讀過泰戈爾的詩集及散文，但並沒有跟對方講述自己的感想，也沒有打算提問。當時他喜歡的是美國新興的詩，對於泰戈爾和諧、微微溫熱的風格沒有多大興趣。但由

於從未跟成名詩人見面的草野心平實在對大師人泰戈爾充滿好奇心，所以才籌備旅費從廣州跑到香港。他們兩人在香港的話題，既不是作品也不是香港，卻是泰戈爾對日本的印象。原來泰戈爾曾經訪問日本，對日本印象不俗。因此當知道草野心平來自日本後，就談起橫山大觀、日光和鎌倉，樂此不疲。泰戈爾對日本青年的興趣遠遠超乎草野心平想像，竟然還問他會否以學生身份到他營辦的國際大學！在聆聽老詩人侃侃而談時，草野心平的魂魄卻早被行雲流水般的英語聲調吸引過去了。

初次的香港體驗，不能少了天星小輪。草野心平乘搭天星小輪來往九龍香港的路線時，看着波浪濺起的水花，情不自禁把手伸進泡沫中淺嚐，見證了維多利亞港海水的鹹味。晚上，他看見香港島的燈照遍整個海面，無論是電燈、月亮、天上星星等都好像理髮店裏便宜的鏡子上搖晃不定的圖像，破浪前行的天星小輪就把這些發光的物體撞得粉碎……

但草野心平乘搭天星小輪再次前往香港島的原因，並不是單

從天星小輪遠望九龍尖沙咀的景色（圖片由張順光先生提供）

161

純想要體驗天星小輪，而是因為他發現自己忘記了邀請泰戈爾到學校作演講。他站在泰戈爾住宿的香港酒店門前，跟秘書講出自己的希望，但很清楚由於沒有一早約好，要泰戈爾更改行程表基本上是沒有指望。果然，太遲預約是不可能有奇蹟發生。

回到廣州後，草野心平在來自北京大學的同學口中聽到泰戈爾在北京大學演講時所說的話。原來泰戈爾曾經說過自己代表亞洲的聲音，而且他自覺並不是以印度人、政治家或者哲學家的身份出現，而是以詩人身份到來。草野心平不自覺回憶起泰戈爾抑揚頓挫又響亮的聲音，那些漂亮的英語。對於他來說，在香港最重要的回憶，就是有生之年能聽到這般如同詩篇一樣的說話聲音。

與泰戈爾在香港會面之後第二年，由於中日關係惡化，草野心平隨即回到日本。不過戰爭過後，當他再次離開日本時，還曾多次經過香港。例如 1956 年，他曾經以訪中文化使節團副團長身份前往中國；1968 年前往蘇聯訪問作家同盟後，回程也經過香港，還與闊別多年的嶺南大學的舊同學相約品嘗廣東菜。

旅遊資訊	所屬地區	景點	官網
	福島縣	いわき市立草野心平記念文学館 いわき市小川町 高萩字下夕道 1-39	http://www.k-shimpei.jp
		かわうち草野心平記念館「天山文庫」 川内村大字上川内字早渡 51	
	廣島縣	草野心平の詩碑・平和祈念像 広島市中区中島町 平和記念公園内	

大正年間因親善訪歐而途經香港的皇太子裕仁，登基成為

昭和天皇。

橫跨六十四年的「昭和」，是日本使用時間最長的年號。

雖然日本在第二次世界大戰輸得一敗塗地，但戰後幾十年間

韜光養晦，經濟發展成績輝煌。即使在二十一世紀的今日，

走過平成、踏入令和，懷念昭和歲月的日本中老年人依然不計

其數。

昭和初年的英國殖民地香港，早已建立了小有規模的日

本人社區。為旅人們接風的，除了早期的橫濱正金銀行或日本

領事館職員，還出現了長居香港的日籍居民。到訪香港的日

旅人當中更不乏識途老馬，揀飲挑食盡興而歸之餘，更加懂得

享受華洋雜處的殖民地特有嫵媚風光，編排精彩緊湊的行程。

但是在安逸繁榮背後，這些旅人亦漸漸感受到中日關係劍拔弩

張，甚至在香港體會到反日的浪潮正逐漸逼近……

第五章

昭和時代（一九二六至一九四〇）到訪香港的日本名人

石川達三

Ishikawa Tatsuzō

❀ 石川達三小傳

2021 年 5 月 10 日，日本報章上發表了 1970 年諾貝爾文學獎的日本候選人資料。出生於明治三十八年（1905）、以《蒼氓》奪得第一屆芥川獎的得獎者石川達三，原來曾經是被推薦的諾貝爾文學獎候選人。

喜愛芥川龍之介的太宰治沒有拿到芥川獎，依然成為膾炙人口的大文豪；但要是石川達三沒有拿到芥川獎，恐怕早已被歷史巨輪淹沒。

石川達三的名字在華人文學圈並不算完全陌生，皆因他的名作《活着的兵士》被認為是揭露日本軍隊踐踏中華大地的客觀作品，在當時清一色歌頌侵略戰爭的日本文學界中，蔚為清泉。作家本人亦因為創作這本小說即時被政府捉拿，在獄中度過了四個月的日子。不過近年亦有另一說法，指作品只是為日軍的暴行推卸責任，強調戰爭環境的無可奈何，認為作者骨子裏依然支持侵略戰爭。

石川達三 1905 年出生於日本東北秋田縣，父親是英語老師，母親是來自同縣的富裕人家。由於父親工作的關係，七歲搬去東京，後來又搬到岡山縣。1914 年第一次世界大戰爆發，九歲的石川達三失去了母親，曾經在東京的叔父家中暫住，後來再回到父親及繼母身邊。他的學習生涯波折重重，雖然小學曾經考取過第一名，可是到中學卻試過幾次不合格。在學時他讀了很多日本及外國作家的作品。1925 年就讀早稻田大學第二高等學院，還開始跟同學在同人誌上發表作品，處女作是《薔薇盜人》。他還向《大阪朝日新聞》及《山陽新報》投過稿。

二十一歲的石川達三在《山陽新報》發表的《寂寞耶穌之死》

是他首次印刷發行的作品。本來出於經濟困難打算放棄學業前往滿洲或者菲律賓的石川達三，卻在《大阪朝日新聞》中得到二百日圓的獎金，成功在次年入讀早稻田大學英文科。可惜最終還是因為無法繳付學費，一年就被迫退學。後來在《國民時論》就職，擔任編輯。解決基本生活需要後，雖然找到成為小說家的目標，人生卻仍然處於浮沉狀態。

1930 年代，日本政府獎勵前往巴西開墾的日本國民。石川達三透過在南洋興業工作的朋友幫忙，拿着政府的補助金乘搭移民船前往巴西。他為了確保旅費，跟國民持論社簽約，回國後將把自己的經歷寫成書出版。在巴西期間，他在農場工作，8 月回到日本再成為編輯。這段期間他在《新早稻田文學》發表過幾個短篇，之後才執筆編寫以巴西農場生活為基礎、描述日本移民在異鄉苦況的《蒼氓》。這部作品在同人誌《星座》初次發表不久，他就得到了第一屆的芥川龍之介文學獎，作品亦改由改造社印刷發行。

被評為社會小說家的石川達三在 1936 年結婚，翌年長女出生，幾個月後他便成為《中央公論》特別調派的職員前往南京及上海。經過數個月的滯留，石川達三在 1938 年《中央公論》的 3 月號發表《活着的兵士》，引起軒然大波。雜誌還未上架，他就被起訴並遭監禁四個月，緩刑三年，屬戰前日本文學史中的文字獄事件。

經此一役，石川達三往後的作品在題材上產生了變化。他在那個時期寫下一系列以家庭內部和戀愛結婚為主題的作品，例如《結婚的生態》、《智慧的青草》、《三代的矜持》等等，奠定了人氣作家的寶座。1942 年 5 月他去南洋取材，寫成了《赤松島日誌》。可是同年 12 月，他馬上又被國家徵用成海軍報道關員，前往越南西貢。戰後，他以反映社會風潮的作品活躍於文

石川達三的代表作《活着的兵士》和《蒼氓》

壇，對社會的深刻觀察貫穿作品之中，敏銳反映當時時代風潮。1940 年代是石川達三寫作的高峰期，《幸福的界限》、《青色革命》、《罪惡的歡愉》、《四十八歲的抵抗》等在《讀賣新聞》或新潮社連載的作品，除了講社會大環境，亦充分反映了當代個人生活、愛情、結婚、生存方式等。有部分的書名，更直接成為當年的流行用語。

在 1965 年《文藝春秋新社刊》中，石川達三審視自己六十年人生並寫下了對父母的感覺，回憶起自己的童年，展現出他固有的人生觀，以真摯的感情震撼讀者，同年得到文藝春秋讀者賞。後來的《被約束的世界》、《被解放的世界》、《那個最後的世界》，都成為了石川的代表作品。

石川達三曾任日本文藝家協會理事長，也曾做過日本文藝著作權保護同盟會長等等，得到大眾支持後發言機會增加，偶爾亦會在論壇發表個人意見。例如 1956 年，他以亞洲文化使節團團

長身份到世界各國巡視過後，批評資本主義社會過多的自由，還對川崎長太郎和谷崎潤一郎作出批判——可惜石川達三晚年站在社會良知的立場所發的議論，在部分當代人眼中反而被認為是頑固。

石川達三人生最後幾年心臟並不好，於八十歲之年胃潰瘍惡化後吐血，送抵醫院即因肺炎撒手人寰，從此長眠於東京世田谷區九品佛淨真寺。

✿ 石川達三訪港：1930 年 3 月 20 ～ 21 日

1930 年，日本政府獎勵國民前往南美洲開荒，石川達三隨同國內的移民隊伍前往南美洲時，他乘搭的拉普拉塔丸曾途經香港。記錄香港旅程的部分，分別見於他的遊記《最近南美事情》和獲獎小說《蒼氓》。特別是後者，除了記錄香港街道上面的情況、他對香港的觀察，還包括船隻未抵達香港時，船上的日本人對香港的想法。

根據石川達三的文字紀錄，他們一行人到達香港的時候，香港正踏入天花開始流行的時期。由於香港當時是世界各地航運重要的轉口港，對於檢疫方面管制得特別嚴格。小說中就提到除非有上岸的理由，否則民眾一律建議留在船艙中以防感染。

與石川達三同船的部分日本人對上岸並不充滿熱情及好奇心，因為他們很清楚離開日本之後可能就會客死他鄉，實在興奮不起來。船上的負責統籌的日本人，亦多番提醒各人：離開自己國家時為了不丟臉，除了要穿着西服之外，連抱孩子的方式都要

自我檢討一番。

但前往巴西的路途遙遠，香港畢竟是離開日本後最早停泊的陸地，算是他們第一個見到的「外國」。石川達三形容有些人為了上岸，竟不惜打破手錶，好有藉口上岸修理。

石川達三和其他前往巴西的日本人乘搭的拉普拉塔丸在九龍碼頭停泊後，大量的華人小販乘搭小艇接近，向船上的乘客兜售各種雜貨食品，例如時鐘、寶石、香煙。在他的筆下，這些「如同烏鴉一般的小販」都很會做生意，小艇駛過來後會利用綁在竹篙前端的籠子，把貨物送上甲板，待對方接過後把錢放進裏面又再收回。

石川達三形容秩序井然的香港屬於洋人，骯髒落後的香港屬於華人，也屬於居港日人。雖然華人中亦有具學問見識、社會地位高的人士，畢竟只屬社會上的極少數。

從九龍上岸後，石川達三乘搭天星小輪前往港島。在他眼中，代表香港的顏色是三合土色，襯托着熱帶植物和紅色的屋頂。他認為歐洲人比亞洲人的美學觀念要好，無論是日本還是其他亞洲地區，都太過務實，不能做到英國人對香港下苦功後建設而成的市容景觀。他們能夠調和自然與人工，創造出一種新的美學。然而他亦展望，亞洲的美學往後會慢慢興起，因為 1930 年代日本的藝術已經漸漸在歐美受到重視。

石川達三在香港是使用英語溝通，他跟人力車夫表示要去山頂纜車站，對方最初聽不懂，原來香港的山頂纜車不可只說「Cable Car」，而要說「Peak Cable」！然而他還有更糟糕的遭遇，人力車夫竟把他送去了在香港居住的日本女子住處。這是一個有四五間日本商店並列的地方，當中有間日本旅館。石川達三估計，也許這些女子已和車夫們串通好，把遊客都送過去。然而他對她們不感興趣，最後還是乘搭山頂纜車欣賞滿山的杜鵑。

夜晚，石川達三在一間富麗堂皇的餐館吃晚飯，老闆是華人。雖然餐館有信譽和氣派，可是卻看到有缺口的碗碟和彎曲的刀叉。他心想或者華人民眾對這些並不介意，可是卻足以磨滅日本人的食慾有餘了。

除了這些地方外，石川達三特別提及香港的公共廁所。早在他訪港前，英國殖民地政府早已經禁止在路上大小二便以確保公眾衛生；到了二十世紀初香港街頭已經有公共廁所。在石川達三到訪的 1930 年，正值中日關係緊張之際，他前往「方便」時竟然讀到了「打倒日本帝國主義」的塗鴉！

在回程途中，他也看到其他日本遊客也許從未看過的景象。在靠近岸邊的梯級，他看到火光和旁邊聚集的人群。再走近一看，在接近水面的梯級處，一個男子不斷煽起火焰，原來正進行火葬！苦力死了，各人站在岸邊為他送行⋯⋯

船上的日本人談論買香煙的事情，意外發現不同小販的價錢不但相異，而且落差很大。有日本人很錯愕，因為他們以往未曾有過這種經驗。可是小販老早離去了，被騙了買貴價品也無可奈何。這一點跟現時香港人去日本購物「明碼實價」的體驗，竟意外有近似之處。

在拉普拉塔丸離開香港後幾年，香港爆發了嚴重的天花。世界衛生組織在 1980 年 5 月 8 日宣佈天花成為第一個於世界上絕跡的傳染病，跟石川達三的旅程剛剛好相隔五十年。

	所屬地區	景點	官網
旅遊資訊	秋田縣	**石川達三記念室** 秋田市千秋德町 4-4 中央図書館明德館	https://www.city.akita.lg.jp/kurashi/shakai-shogai/1008469/1008846/index.html

高濱虛子

Takahama Kyoshi

❀ 高濱虛子小傳

　　日本近代俳句宗師正岡子規的兩大弟子河東碧梧桐跟高濱虛子有個雅致的別名——「子規門下雙璧」。在之前的篇章提到，雖然青少年時代兩人有着深厚的友誼，但在藝術層面卻分屬守舊派與新派，激烈對立。

　　1874 年 2 月 22 日，跟正岡子規一樣，本名為「清」的高濱虛子誕生在地靈人傑的四國愛媛縣松山市。可是，他的姓氏並不是「池內」，而是繼承了祖母家的「高濱」。他的父親池內庄四郎政忠是松山藩的劍術督導，除了武術優秀，還有能樂的修養。母親名柳，小時候就為孩子灌輸古典文學的知識。高濱虛子的情感與文學才能也許就是童年時候在家中培養。受到父親及兄長的能樂熏陶，他不單對能劇有所認識，還能執筆編寫能劇劇本。幼年時代的自然風光，令高濱虛子感受到人類本來就是自然一部分，因此「自然」成為他成年後在文學創作中相當重要的一環。

　　高濱虛子高中生活在京都度過，後來由於學制改革轉往仙台繼續學業。退學之後，又曾經到過東京。今天的愛媛縣立松山東高等學校，以前叫伊予尋常中學校。高濱虛子與河東碧梧桐就是在這裏邂逅彼此，兩人在正岡子規的薰陶下切磋琢磨，成為二十世紀初期日本文學史上耀目的新星。但他們的文學觀念並不一致，1903 年，河東碧梧桐發表「溫泉百句」，高濱虛子隨即批判並展開「溫泉百句論爭」。

　　對於高濱虛子來說，「花鳥諷詠」和「客觀寫生」是他的創作理念，作者的感情、對人生的領悟都應該滲透到客觀事物，從而讓俳句表現出更大的魅力。即使是戰爭期間，他亦迴避政治，再次打起「花鳥諷詠」的旗號。他又提倡遵從「天地宇宙運行」，

效法自然、遵循自然的規律創作富有生命力和人文精神的作品。

高濱虛子主要的作品可以在名叫《杜鵑》的雜誌上找到，後來《杜鵑》曾經提拔過的俳句詩人上野泰，還成為了高濱虛子的女婿。然而，《杜鵑》最著名的連載作品，大概還是夏目漱石的《我是貓》和《少爺》吧！

在高濱虛子的生命中，留下超過二十萬首俳句。他曾經編輯《新歲時記》一書，對季節的特色有獨特見解。想要了解現代日本人對季節的體會與感受，這是一本非常重要的作品，稱之為高濱虛子生涯上永遠的名作也不為過。

高濱虛子並留心提拔後進，如創辦俳句鍛煉會「俳諧散心」；在支持鼓勵女性俳句詩人方面，也同樣不遺餘力。例如他的女兒立子、晴子、章子，還有孫女汀子、中子，後來都成為二十世紀初至中期推動俳句發展的女性。今天我們能看到女性的俳句詩人獨當一面，也不能抹煞高濱虛子在這方面驚人的前瞻。

1959 年，高濱虛子以八十五歲高齡在鎌倉市家中離世，法號「虛子庵高吟椿壽居士」。「椿」在日本語是山茶花的意思，他的死忌 4 月 8 日又稱為「椿壽忌」。

踏入二十一世紀，日本文壇並沒有忘記這位俳句詩人。2000 年，在他曾經躲避空襲逃難的長野縣故居，建立了他的紀念館，兵庫縣也開設了「虛子紀念文學館」。至於《杜鵑》雜誌，即使踏入令和年代，依然由高濱虛子的曾孫——稻畑廣太郎努力經營着呢。

高濱虛子筆塚（圖片由孫實秀先生提供）

❀ 高濱虛子訪港：
1936 年 2 月 28 ～ 29 日、6 月 4 日

　　途經上海、香港、新加坡、開羅，最後抵達法國馬賽，接着又訪問了德國、荷蘭、英國的高濱虛子，在他的著作《渡法日記》中記載了 1936 年 2 月，帶同尚在求學時期的女兒章子在香港自駕遊的經歷。除此以外，《中國郵報》也刊登了高濱虛子到訪的新聞。透過高濱虛子清晰詳細的紀錄，即使過了接近一個世紀，我們仍然能夠跟着當年的路線回味他駕駛汽車遊覽香港島的行程。

　　故事要從 1936 年 2 月 28 日早上、還未駛入香港九龍碼頭的箱根丸開始講起。從甲板上看見香港，高濱虛子便忍不住要讚揚香港景色漂亮。早上 7 時，船上的審查官正在檢查日本海軍軍官

護照。不過對待日本乘客例如高濱虛子，他們的審查相對間單，只是蓋上印章便完成程序。

雖然是 2 月底，但對於在溫帶的高濱虛子來說天氣已經足夠暖和，他換上了春夏服裝後才開始遊覽香港。下船後，跟着當領隊的三菱商會的下田幸三郎遊逛，他好奇地看着用磚瓦和水泥築成的房子，從海旁一直建築到山頂的位置。

1936 年 2 月的維多利亞港碼頭好不熱鬧。除了高濱虛子乘搭的郵輪之外，還有日本的驅逐艦夕霧也在其中。當然還少不得外國的船隻，高濱虛子就認得來自法國的驅逐艦也停泊在維多利亞港。

乘搭天星小輪十五分鐘便去到香港島，高濱虛子一行人首先前往干諾道中 8 號的日本郵船會社，接着穿過混亂的馬路再走一段路，去到下田幸三郎隸屬的三菱商會。接着，他還專程拜訪《大阪每日新聞》的職員足利緝，與他見面交談。

淺水灣酒店

　　在下田幸三郎的安排下，高濱虛子一行人乘搭汽車環繞香港島。他們沿着今天政府總部旁邊的炮台徑，在上斜坡的時候欣賞芒果樹和椰子樹；接着又繞道香港島的背後，在相信是薄扶林一帶的地方看到墳場和牧場。他們看到牧場上有華麗的牛房，附近還有連成一片的麥田，供牛隻作飼料。

　　高濱虛子之後去了香港仔，欣賞海灣上的中國帆船以及當時他聽說是從日本移植過來的松樹，還有杜鵑和佛桑花。離開香港仔後去到淺水灣麗都酒店咖啡室喝茶，繼續欣賞木瓜樹和不同的盆栽。

　　離開香港島南區一帶，高濱虛子在環島馬路最高處的山頂酒店下車。他們沒有乘搭纜車上山，反而選擇離開時才乘搭。高濱虛子又留意到纜車站入口處列出了山頂居住的人名，清清楚楚地寫在木牌上面。

　　乘搭山頂纜車下山之後，剛才的汽車已在纜車總站等待。為

淺水灣酒店

了讓日本貴客們賓至如歸，早就有人為他們安排到金龍酒家吃中餐。這間餐館的升降機前擠滿了人，他們好不容易才乘搭上升降機去到「風月廬」的房間吃飯。吃過飯後，在三菱的原清帶領下，眾人在街上漫步，並且買入來自汕頭的蜜柑。高濱虛子說當時蜜柑並不能輸往日本，也算是他們在香港吃到的美味特色水果吧！逛完百貨店又路過電影館，最後他們來到置有維多利亞女皇銅像的廣場。這個銅像幸運地逃過戰火的洗禮，現在還安放在香港維多利亞公園。

當天夜晚，高濱虛子一行人去到灣仔的日式旅館千歲館的餐廳吃晚飯。他們下車後從三樓進入，再走下兩層樓梯才去到吃飯的地方。服務他們的是來自日本的藝妓，留下名字的包括八重、松千代、久千代。

第二天早上天公不做美，高濱虛子在甲板上寫下兩首俳句：

香港の春晩の船皆動く

春晩や戎克にわめく人の声

描述了初春時節，人們在岸邊呼喚，船隻開始活動的景況。

船上的高濱虛子並不寂寞，因為除了他和女兒之外，船上還有東北大學的成瀨政男博士，以及小說家橫光利一等文人雅士。

話說，在這次的歐洲行程完結，踏上歸途路經香港時，高濱虛子曾經再次到千歲館吃飯，日期為同年的 6 月 4 日。上次見過面的藝妓們都尚在，而且還有些新面孔。這次他們一行人同樣由下田幸三郎帶路，再次乘搭了天星小輪，途中特別到了幾家有打字機的商店，才再環繞香港島。

在遊記中還記載了一件小插曲：穿上春衣遊香港的高濱虛子

原來低估了香港的氣溫，天氣寒冷讓他頻頻找尋廁所！1930 年代，香港島的公共廁所已經小有規模，雖然女廁在比例上遠遠不及男廁，但高濱虛子既然是男人，大概不會為了「方便」而感到「不方便」吧？

Part of Praya, Hong Kong

維多利亞碼頭（圖片由張順光先生提供）

	所屬地區	景點	官網
旅遊資訊	神奈川縣	鎌倉虛子立子記念館 鎌倉市二階堂 231-1	https:// 鎌倉虛子立子記念館 .com
		高浜虛子句碑 鎌倉長谷寺 鎌倉市長谷 3-11-2	
	長野縣	小諸高濱虛子記念館 小諸市与良町 2-3-24	https://www.city.komoro.lg.jp/soshikikarasagasu/kyoikuiinkaijimukyoku/bunkazai_shogaigakushuka/4/2/5/1537.html
	兵庫縣	虛子記念文学館 芦屋市平田町 8-22	http://www.kyoshi.or.jp/j-index.html

181

03

橫光利一

為香港寫下不朽俳句
的詩人

Yokomitsu Riichi

❀ 橫光利一小傳

　　跟隨《文藝春秋》創辦人菊池寬學習、與川端康成同樣作為新感覺派的作家、於二十世紀初的文壇活躍兼擁有「文學之神」美稱的橫光利一，他的人生也如同小說一樣精彩。

　　1898 年，有「鐵道之神」之稱的橫光梅次郎在興建東北地區岩越鐵道（今磐越西線）時和妻子來到福島的東山溫泉，長子橫光利一在同年出生。孩子的母親是松尾芭蕉後人、生產日子又剛好是學問之神菅原道真死忌，因此橫光利一自出生便集眾人期待於一身。

　　1904 年入讀小學的橫光利一是接受日本近代國語政策教育的第一代。他有一位年長四歲的姊姊，一家人由於父親工作的關係，曾經在日本多個地方居住。少年時代的他運動很出色，也曾經加入辯論隊伍。他的初戀也是在這時候發生，對象是一位小學五年級的女生。寫下《雪解》記錄初戀的橫光利一，開始對夏目漱石、志賀直哉的作品產生濃烈興趣，後來更立志成為小說家。

　　橫光利一自身的戀愛經歷讓他感慨良多：他曾經被同房室友搶奪愛人，失去對女性及友誼的信心，又試過跟朋友的妹妹排除萬難結成夫妻，可惜妻子早逝，兩人驟成死別。這都使橫光利一培養出作家的氣質。至於他本人的性格與行為，根據他的同學描述，他有時會披着披風上學，還幫自己改名「左馬」好讓他人稱呼自己時必須使用「敬體」（按：「左馬」音「sama」，比「san」要尊敬）。

　　熱愛日本文學的人一旦講到橫光利一，總會把他的名字跟川端康成並列在一起。而他們兩人的邂逅，必須歸功於菊池寬。有一次作家們聚在一起吃牛肉火鍋，菊池寬主動建議川端康成跟橫

光利一交朋友，成為兩人畢生友誼的開端。

　　橫光利一的第一本長篇小說《上海》，跟芥川龍之介也有緣分。芥川龍之介在晚年曾經出版到訪上海等城市的遊記，並且推介橫光利一也必須親身去當地看看。當年，日本的文人前往鄰國感受異國風味，尤其是前往上海去參觀內山完造經營的內山書店、拜訪魯迅等著名學者是相當盛行的活動。橫光利一也在這樣的風氣下到訪上海，感受到作為亞洲人的自卑與不足之處，民族主義精神從而萌生。

　　對於這本《上海》，李歐梵是這樣說的：「和他的中國追隨者所描繪的五光十色的現代都會截然不同，橫光利一的上海卻是黑暗、貧窮而骯髒的『地下世界』。」除了上海之外，橫光利一也曾經前往滿洲旅行，寫下《寢園》，在東京及大阪的報章連載。

　　1936 年 2 月，三十九歲的橫光利一以報社特派專員身份從神戶出發前往歐洲，視察德國柏林的奧運會。同船的還包括詩人高濱虛子和歷史學家宮崎市定。橫光利一在上海跟魯迅會面後，又前往香港、台灣、星加坡等地，再經過地中海成功抵達法國馬賽。這次在法國的經歷讓他大開眼界，後來寫成了《旅愁》。

　　雖然橫光利一基本上是位自由主義者，但他同樣是相信日本會在戰爭中勝利的愛國者。他是日本文學者會議的創辦人，又參加過文藝銃後運動、大東亞文學學者會議等。珍珠港事件過後，他把罹難的軍人視為英雄，寫下了《軍神之賦》歌功頌德。戰敗後他被評為「文壇戰犯」受到非議，但他在日本文學界別的地位依然屹立不搖。

　　戰後不久，橫光利一曾經中風並染上肺病，為此川端康成曾多次前往鎌倉探望。後於 1947 年病逝，享年四十九歲。除了留下大批小說作品，橫光利一平常也喜愛寫書法，據說留在書桌案頭的「寒燈下硯枯，獨影寂欲雪」，正是他對自己生平的回想。

✿ 橫光利一訪港：1936 年 2 月 28 ～ 29 日

1936 年 2 月，橫光利一前往德國柏林的奧運會。三十九歲的他從神戶出發，經上海、香港、台灣、星加坡等地前往歐洲，同行的還有詩人高濱虛子和歷史學家宮崎市定。

作為日本知名的小說家，橫光利一在香港曾接受《中國郵報》記者的訪問。他透過觀察記者的態度行為，去評論香港當時的文化水平。他說兩位記者的禮貌都很好，問完問題會挺直胸膛說多謝，又懂得行禮作別。原來在橫光利一的眼中細節是不能忽視的，一旦新聞記者不重視禮貌，這個地方的文化決不可能進步；當一個地方的民眾對記者感到恐懼，這個地方的文化將變得低下。

早上箱根丸駛入港口，橫光利一跟同船的高濱虛子一樣，離船後也乘搭汽車環繞香港島一周。看到浪隨風起的淺水灣上遍地黃花，認為香港的景觀足以令旅行的幸福變成事實。下車後，他帶了個口罩在香港街道上散步，卻引來了路人的目光——孩子們追上來窺看，連站着交談的人也張口結舌。對於途人的反應他覺得很有趣，於是繼續觀察他們的表情。結果他發現所有遇到他的人，一瞬間都會做出頗為驚訝的神情。他認為，香港的人要比上海的人靈敏和活潑多了。

假如橫光利一不是在昭和年代而是在 2020 年過訪香港，恐怕不戴上口罩才會引起街道上的人竊竊私語吧！

在橫光利一的遊記裏曾經記錄過一件在香港發生的無奈事件：他乘搭的汽車在半途發生故障，在山間滯留了一個小時，在等候汽車維修期間只好下車去欣賞風景。可惜的是汽車最後沒有修理好，他於是在街頭買了些柑，一面吃一面作俳句。不知道他

買到的柑，跟高濱虛子賞到的汕頭出產的柑是不是一模一樣呢？

在這掃興的期間，一輛汽車在他面前疾馳而過，車上的竟然就是高濱虛子和她的女兒。橫光利一雖然想要截停他們，卻沒有抓着最好的時機，只能繼續在原地作俳句及欣賞附近的景色。雖然香港夜景據稱是世界四大之一，但他更喜歡日間的風景。他感慨香港開埠八十年真是滄海桑田，據說眼前綠油油的山坡，昔日都是光禿禿的。從山腳向山頂伸延，呈梯級式的建築很漂亮。橫光利一還留意到香港有很多島嶼，如同探險故事的插圖。他聽說海盜的巢穴就在香港，好奇心躍然紙上 —— 他對香港的無盡幻想也太妙了！

	所屬地區	景點	官網
旅遊資訊	三重縣	**橫光利一資料展示室** 伊賀市上野丸之內 107 （上野高校內）	https://www.bunka.pref.mie.lg.jp/kennai/kennaiDetail?id=835931
		橫光公園 伊賀市野村	
		橫光利一文学碑・解說文碑 伊賀市柘植 1706	

04

武者小路實篤

跟在港日人深入香港的
日本文學家

Mushanokōji Saneatsu

❀ 武者小路實篤小傳

草間彌生喜愛南瓜，但喜歡繪畫南瓜的日本人可不是只有草間彌生。東京都調布市在新冠肺炎疫情期間為了鼓勵民眾積極向前，舉辦過武者小路實篤的畫作以及名句展覽，當中最為人熟悉的作品就是手繪的南瓜。

武者小路實篤生於明治年代的 1885 年，是貴族出身的小說家、詩人，也是畫家。在他的作品上，不難發現意義深遠的金句，當中最著名的包括「你是你，我是我，但是我們很要好」、「知道責怪自己的是善人，只會責怪他人的是惡人」，展現出他的世界觀與價值觀。

武者小路實篤的父親是日本自古以來的貴族——藤原北家支流閑院流的後裔、作為公卿家的武者小路家，母親是子爵勘解由小路家的女兒。夫婦兩人首五名子女全部夭折，接着產下了女兒伊嘉子、兒子公共和第八位孩子實篤。由於父親很早就離世，遂由長兄公共繼承家裏的爵位。他跟大正天皇是童年玩伴和書友，夫人是長州藩最後藩主毛利元德之女萬子。

武者小路實篤六歲那年就進入了學習院。他數學很好，體育及作文相對較弱。到了中學時，意外地結識了留級兩年的志賀直哉，成為好朋友。這位志賀直哉就是跟橫光利一一同被稱為「小說之神」的當代日本小說家。武者小路實篤跟他除了是同學，其實也是遠房親戚。到了高中的時候，武者小路實篤愛上了托爾斯泰，也開始研究《聖經》及佛學相關的書籍。至於日本文學，他最欣賞的是夏目漱石。

二十二歲時，武者小路實篤跟志賀直哉、木下利玄等組成了十四日會，從事文學創作活動，後來放棄東京大學的學業。翌

189

年，自費出版首部作品《荒野》。到了 1910 年，他再接再厲，跟志賀直哉、有島武郎等人創辦文學雜誌《白樺》。

《白樺》在日本近代文學中是非常重要的里程碑，創辦者被稱為「白樺派」。再加上夏目漱石的作品《其後》也是在這本雜誌的創刊號上刊登，武者小路實篤跟夏目漱石的緣分亦因此展開。後來武者小路實篤受到夏目漱石委託在《朝日文藝欄》執筆寫作，兩人有更多深入的交流。雖然武者小路實篤並不喜歡什麼師徒之說，他也不是夏目漱石名義上的入室弟子，但相信他有受到夏目漱石的啟蒙以及影響。

除了有親戚關係再加上同窗之誼的志賀直哉，武者小路實篤跟民藝運動發起人、哲學家柳宗悅亦是朋友，三人都屬於白樺派。柳宗悅的來頭也不少，除了本身的思想家名銜之外，他的叔父是日本著名柔道家嘉納治五郎。

武者小路實篤的畫作

武者小路實篤青年時期對「理想國」有所期盼，他目標是實現沒有階級鬥爭的世界。於是在 1918 年，他在九州宮崎縣設立了一個村落的共同體，名為「新村」。他在農務工作之暇不忘寫作，在《大阪每日新聞》連載《友情》。可是由於村莊土地被徵用建設水壩，他被迫放棄村莊，並且於 1939 年在埼玉縣重新開始理想國建設。由於各種原因，他最後還是離開了村莊，只做了

六年的村民。雖然理想國在現實中實踐不了，但村民年代的活動確實影響了他的寫作。

不過新村對於武者小路實篤最大的影響還不是寫作，而是導致了他與妻子的離異。他的第一任妻子跟村落中某青年同居，最後與武者小路實篤離婚，各自再談婚論嫁。翌年，武者小路實篤經歷了關東大地震，《白樺》雜誌也迎來了終曲。在人生的低潮，武者小路實篤開始繪畫，既畫水彩畫也畫油畫，曾經在日本橋的丸善舉行畫展。當寫作的道路上遇到瓶頸，他便開始寫大量傳記體小說，當中主角就包括托爾斯泰、一休和釋迦牟尼。

人到中年，經歷過生離死別，武者小路實篤在 1936 年春天出發前往歐洲遊歷，同年 12 月回到日本。他在旅程中體會到黃種人受到的屈辱，變成戰爭支持者。接着的 1937 年，他成為帝國藝術園新設立的文藝部門的會員，並且在第二次世界大戰的時候把早年曾經相信的個人主義及反戰思想完全捨棄，成為不折不扣的戰爭協力者，擔當日本文學報國會的劇文學部會長。

戰爭過後，武者小路實篤被追究戰爭協力責任，因而受到停職的處分。然而，到了 1948 年，他的文學生涯再次恢復起色，不但創辦雜誌《心》並連載《真理先生》，又在 1951 年得到文化勳章。晚年的他寄情繪畫，在色紙上繪畫各式各樣的蔬菜並加上各種人生哲理金句。1955 年他搬家到東京的調布市，這是他人生最後一次的遷居。

1976 年，武者小路實篤因為尿毒症在醫院病逝。在他九十年的一生中，留下了大量關於人生的金句，例如：「沒有辦法掌握自己的人，很容易變得不幸」、「擁有美麗的內心被大家所愛是事實，而且恐怕也會被命運所寵愛吧」。這些金句依然在網路上流傳，這位明治年代出生的貴族，他的精神會永遠陪伴着以後每個世代的日本人。

❀ 武者小路實篤訪港：1936 年 5 月 9 日

武者小路實篤來到香港時已年近半百，在日本文壇亦有相當地位。幾年間，他經歷了關東大地震和《白樺》雜誌停刊，還開始嘗試繪畫。

從上海到香港，武者小路實篤的旅程一直在電影和在地人的陪伴下渡過。他相信作為文人，每個地方總會有喜歡你作品的讀者，就算沒有看過作品，只知道你的名字，也不會當你是陌生人。

在上海，武者小路實篤見到了崔萬秋和內山完造。前往香港途中，他在白山丸上看了《上海和香港》、《春天的日本》兩部電影，又在船上看到來自不同國家的男女命運各有不同，小說家的心情是百感交集的。白山丸進入香港的時候，武者小路實篤在朦朧中看見幾十艘帆船在海中飄浮，情景漂亮；岸邊看到的西式的建築物非常雄偉，像日本那種臨時搭蓋的房子完全找不到。不過武者小路實篤也不是傻子，他相信香港的貧民大概也住在那樣的地方，只不過他身為旅客大概還未看到吧！

看着山上雄偉的房子並排而立，如同城堡；山腳卻有一座特別冰冷的建築物，是某家英國的銀行。武者小路實篤想到英國與日本經濟上的各種關係，香港也許就是他們的根據地吧。

除了周圍可見的花草樹木，武者小路實篤還發現香港普通人家都喜歡種植植物，那些栽種在花槽的盆栽還包括鮮艷的熱帶植物，讓來自溫帶地區的他印象很深。不過，他雖然認為香港很漂亮，但是比起其他國際都市，在武者小路實篤眼中，香港的美麗又不算太罕見。

跟以往日本名人到香港，受到香港日本企業的職員們帶路略

為不一樣，武者小路實篤在香港的領隊是內山完造介紹的平岡貞。以往日本名人記述在港行程，介紹接風的人時總會講述對方所在的機構及銜頭，但是武者小路實篤對於平岡貞的描述卻不是職銜，而是基督徒身份。雖然還未見其人，武者小路實篤早已經聽說過住在香港的平岡貞非常關心香港監獄中的日本囚犯。每逢星期日，他都會跑到監獄去慰問他們，足足八個寒暑。武者小路實篤對這件事感觸很深，認為在世界不為人知處竟然有這樣的有心人，實在令他感動不已。

對於武者小路實篤來說，香港的旅程除了參觀市容之外，更重要是探訪朋友的朋友——剛剛提過的平岡貞。透過武者小路實篤的形容，我們除了知道平岡貞的家中有小孩子跳繩玩樂之外，還知道他有華人女傭幫忙處理家務。

只不過假如要數比較特別的香港旅遊經驗，武者小路實篤有兩項特別體驗是其他日本旅客難以遇上的：在香港的港口看天空上的南十字星，以及跟一代笑匠差利卓別靈（Charles Spencer Chaplin）差不多同時間在維多利亞港擦身而過！原來，武者小路實篤在香港跟平岡貞以及他幾位愛好文學的朋友吃過午飯後，一起到了電影院觀看差利卓別靈的《摩登時代》。接着，他又聽說差利卓別靈正打算乘搭他們對開的船前往日本。根據武者小路實篤的大膽推測，差利卓別靈乘搭的很有可能是鹿島丸，不過比起他乘搭的白山丸稍為早一點離開了。

跟香港新相識的朋友道別後，武者小路實篤就繼續啟程前往歐洲，展開他的歐洲旅程。這位平岡貞，雖然於早期在港日本人社群歷史中非常知名，但由於並不是旅遊人士，我們也就此打住了。

山頂盧吉道俯瞰維多利亞港的景色，攝於 1939 年。（圖片由張順光先生提供）

<table>
<tr><td rowspan="4" style="writing-mode: vertical-rl">旅遊資訊</td><td>所屬地區</td><td>景點</td><td>官網</td></tr>
</table>

	所屬地區	景點	官網
旅遊資訊	東京都	**武者小路実篤記念館・旧邸・記念公園** 調布市若葉町 1-8-30	https://www.mushakoji.org
	埼玉縣	**武者小路実篤記念 新しき村美術館** 入間郡毛呂山町葛貫 423	http://atarashiki-mura.or.jp/rekishi/
	宮崎縣	**一般財団法人 日向新しき村** 児湯郡木城町 石河内 1333	http://www.town.kijo.lg.jp/matidukuri-suisin/kanko_gaido/atarasiki-mura.html

第六章

戰前日本遊客的香港體驗

❀ 日本與香港早期海上航路

　　若然談及幕末明治期間日本的海上航路，必定會聯想到日本企業——三菱及日本郵船的興起與發展。不過，即使在兩間企業業務開展之前，無論是中國還是香港，都有其他國家的輪船和帆船連接日本的各港口，為十九世紀世界各地的旅客打開方便之門。

　　前面篇章介紹到多位日本旅客到訪香港，繼而前往歐美考察、留學的經過，亦不得不提當時中國的有識之士亦對明治維新後成功富國強兵的日本充滿好奇心。

三菱汽船會社宣傳品

　　1875 年之前，日本跟外國連接的輪船航路皆由歐美輪船公司包辦。1864 年，英國的 P&O（Peninsular and Oriental Steam Navigation Company）推出上海到橫濱的航線，每個月兩次；其後 1865 年法國郵船公司亦推出同一條航線，每個月一次。到了 1867 年，美

國的 Pacific Mail 創辦了三藩市、橫濱、香港航線，同時亦有往橫濱、神戶、長崎、上海的航線。

1874 年在香港創辦《循環日報》的清末思想家王韜除了研究英法兩國政治歷史，1879 年三月初九曾乘搭三菱商戶的玄海丸，從上海前往神戶。行程記錄在他的《扶桑遊記》中。《橫濱每日新聞》記載其停泊的港口為神戶、下關、長崎、上海。換句話說，王韜乘搭日本輪船赴日，是距離 1875 年三菱商會創辦橫濱上海之間的定期航線之後第四年的事情。

根據日本郵船株式會社所編的《七十年史》指出，三菱商會於 1875 年 1 月 18 日受命於日本政府，正式開始橫濱與上海之間的定期航路。

1877 年香港船舶出入數據顯示，全年共有 2,869 艘各國船隻（包括輪船和帆船）駛入香港，扣除帆船後當中有 1,789 艘是英國船，佔總數近八成半；排行第二、三的法國和德國船分別佔 88 艘及 84 艘；中國船佔 80 艘，其餘則是西班牙、美國、丹

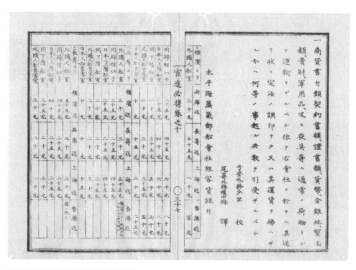

太平洋汽船前往香港須知

麥、荷蘭的船。當時並未發現日本的船隻。再追查數據,日本輪船來到香港,已經是 1879 年的事情了,當年是明治維新的第十二個年頭。雖然早在四年前三菱商會的輪船已經去過上海,但直至 1879 年 10 月 9 日,三菱商會的新潟丸才首次駛進香港港口,象徵三菱商會嘗試與其他國外輪船公司展開競爭。

有關 1879 年 10 月 9 日新潟丸入港的事情,可以參考 10 月 13 日船上舉行午餐會的紀錄。當時除了軒尼詩總督,還有其他香港的官員參加午餐會,10 月 14 日領事的報告就有相關的紀錄:

> 10 月 13 日下午 12 時 30 分,汽艇把七十多名客人接到新潟丸上。船長以主人身份祝賀英女皇陛下生辰,軒尼詩總督答謝,並祝賀日本天皇陛下及皇后。接下來,領事館人員向各國君主祝壽。此舉應該是事先和總督進行過溝通的。其後英國海軍陸軍以及其他國家在船上的演講都在報紙有詳細披露,午餐會是香港領事館設立以來數一數二的盛事。

日本外務大臣收到消息後,很快就把它們交給日本報社。11 月 5 日,日本的報章也刊登了這則新聞。繼新潟丸來到香港後不久,隅田號也來到了。往後香港航路就是這兩條船。以前往返香港跟日本的主要是美國、英國、法國的船隻,從那時開始,日本的輪船也分一杯羹。

但是,有關三菱香港分店開業的資料,至今依然是一個謎。1880 年 2 月 6 日,香港已經有三菱汽船會社分店負責人本田政次郎的紀錄,但到底香港的分店什麼時候開設?目前還沒有找到詳細資料。

1884 年 4 月 28 日,香港領事館收到來自三菱商會的信件。

信件先感謝領事館在香港航路開拓上的幫助，但是亦一針見血指出在五年之間英國、法國、美國的輪船每個月於同一航路的貨物、客運生意額都超出三菱商會幾倍。要是日本和香港之間的航路繼續運作，恐怕只會造成惡性競爭，兩敗俱傷。所以，1884年5月10日由神戶出發的熊本丸，就是三菱商會最後一次行駛香港至日本的航路。

三菱商會無法跟歐美其他公司抗衡，其中一個原因是與日本國內另一間共同運輸會社展開劇烈競爭的結果。即使是國內的航線，在競爭下費用也變得非常便宜，結局是兩間公司都蒙受損失。

1885年，日本政府出面，建議兩間公司停止競爭並且合併。兩間公司合併後組成新的公司，名為日本郵船，於同年10月1日開業。旗幟上面的兩條紅色象徵這是由兩間公司聯合組成。日本郵船成立之後，海外的航線最初並不多，只有橫濱去上海、神戶往仁川。伸延到香港，已經是創立之後的第五年，亦即是1890年的事了。順帶一提，1893年日本郵船開設印度航線，1896年擴展營運到歐洲，乘搭日本船隻直接前往目的地成為可能。到了第一次世界大戰之後的1919年，大阪商船也開始營運各航線。

然而，前往香港的日本人也不一定會採用日本郵船的航運服務，無論是外國還是日本的輪船公司都各有支持者，平分秋色。例如1899年大谷光瑞到中國遊覽及巡視佈教情況時，從神戶乘搭的是法國輪船老撾號；1900年畫家黑田清輝去法國留學，乘搭的輪船也是法國公司的薩拉迪號。至於前往英國的夏目漱石呢？夏目漱石跟芳賀矢一在橫濱乘搭的普魯士號是德國船。

那麼乘搭日本輪船的有誰？在前文出現過的旅客中亦不乏例子。如1902年島村抱月乘搭日本郵船讚岐丸從橫濱出發，途經

裕仁的香取艦在維港

上海來到香港；1922 年鈴木梅四郎乘搭的榛名丸，也是日本郵船旗下的輪船；1936 年的武者小路實篤，乘搭白山丸——這個白山丸，也是 1924 年 1 月把在法國過身的北白川宮成久王的遺體，以及他的遺孀王妃房子送回日本的輪船。

但如果要數戰前最廣為人知、載着日本旅客來到香港的日本船隻，一定是東宮皇太子裕仁乘搭的鹿島及香取戰艦。只不過，這可不是一般旅客可以乘搭的船了！

❀　早期日本領事館與到訪香港的日本人

根據外務省的資料，香港最早的日本領事館是在明治六年，也就是西曆 1873 年 4 月 20 日開設。

領事館的設立源於西方的政治習慣，目的在維持並平衡雙方商戶的外交監督關係，盡量確保國民於他國仍能受到等同本國的法律保障與對待。在對等關係中展開的外交關係下，體現雙方的權利與義務。

香港的首任日本領事是副領事林道三郎，他原本在神奈川縣工作。1872 年，他奉命把橫濱的英國人 Gilman 僱傭的中國人在日本用錢買走的神奈川縣縣民久三郎之女——康，從中國帶回日本。不排除在 1872 至 1873 年初他已經在外務省工作，之後才被任命成為香港的副領事。

1873 年 3 月 22 日，日本的代理外務大臣把林道三郎即將前往香港就職一事告知東京英國臨時代理公使 R.G.Walsou，他向當時的香港總督堅尼地遞交了介紹信。林道三郎在 4 月 15、16 日拜訪過堅尼地總督，亦拜訪了其他國家的領事及在香港的軍艦。

在林道三郎的努力下，香港的日本領事館在 4 月 20 日開館。透過 6 月 11 日簽署租期一年的合同推斷，他們從 5 月 1 日起租借位於「ヴエルブ」的房子。合約上列明的屋主名稱是 Richard Fillion Hovick，契約注明可以作領事館辦公及住宅所用。

兩年之後，任職副領事的安藤太郎把領事館搬到亞歷山大台 3 號，據說原因是之前的地方不怎麼方便。到了 1878 年，由於房租問題，領事館又搬到了亞畢諾道和堅道的交叉口附近，直到 1889 年又搬到堅道 21 號。

有關日本領事館最初的位置，趙雨樂教授推測其與紀念香港總督卑利的街道最為接近。卑利街在十九世紀中葉主要為洋人聚居地，到了 1870 年代起，逐漸有華人及其他亞洲人遷入，故不排除領事館有考慮到此處是當時日本人聚居的地點而選取這個地方。但到底「ヴェルブ」是香港什麼地方？直至目前為止，還未有確切的說法。

最早期的日本領事館，除了林道三郎外，尚有尾崎逸足書記官負責各種事務，另外還聘請了一位英國人負責英文書信的事務。除了作為辦公室和官邸的房子，當時的日本領事館似乎還配備一輛馬車。

林道三郎雖然是日本領事館的「開荒牛」，但下場卻十分神秘：在香港就職三個月後，他便因商議政務的理由回國。9 月 12 日乘搭由香港出發的美國輪船於 9 月 19 日到達橫濱，卻在 23 日突然病發身亡。箇中細節，至今仍是謎團。

日本領事館第一次聘用操流利廣東話的人員是開館後第三年，1876 年的 10 月。當時有一位旅居香港的日本人平部二郎兼通英語和廣東話，他擔當二等書記官實習生在領事館工作。

雖然領事館主要的工作是處理香港在地事務，例如僑民的事宜，但由於香港是前往歐洲的中轉站，領事館亦承擔起接待到訪香港的日本旅客的責任。例如 1878 年，法國世界博覽會開幕，日本亦參加了這次盛會。除了官員之外，還有建設日本館的職員例如木匠等一同前往法國，都受到了領事館的接待。

普通旅客之外，日本領事館在香港亦曾經接待過日本的皇族及政要。例如 1881 年 1 月，有栖宮威仁親王前往英國途中登陸香港約一星期，期間的各種活動安排，就是由當時的安藤太郎負責接洽。香港總督軒尼詩亦是透過安藤太郎了解親王到訪香港及待遇規格等事宜。親王在香港期間，在安藤太郎的帶領下訪問了

總督官邸，並跟總督共晉晚餐。與法國及英國的代表會見後，親王在香港的日本人送別下前往英國。

親王離開香港後翌年的 1882 年 3 月，伊藤博文一行人從歐洲考察憲法後途經香港回國。當時總督軒尼詩並不在香港，由馬殊任代理總督。經過安藤太郎的安排，伊藤博文等人才剛抵港，港方便特意派遣汽船迎接。其後伊藤博文進入領事館官邸，亦由安藤太郎代為安排前往廣州的各項事宜。

以上種種例子，都是早期日本領事館在香港為到訪香港的日本「重量級人馬」所作的打點安排。

除此以外，一些意外從日本來到香港的「不速之客」，日本領事館也擔當起協助或遣返的任務，把他們送回日本。這裏不可不提開館後第二年的秋天曾經發生的一件既懸疑又有趣的事情：1874 年的 11 月 15 日，日本的軍艦日進艦在前往台灣途中，遭遇暴風雨來到香港，補充物資後隨即離開。過了不久，連卡佛向日本領事館請求支付日進艦在香港購物的款項。日本領事館考慮到日進艦當時可能資金不足，加上時間緊迫，忘記告知領事館就匆匆來港，因此在沒有確認的情況下，就直接支付了費用。這段插曲中的連卡佛正正就是 1850 年已經開業至今的名店，但當時連卡佛還只是間簡陋的店舖，為英國海軍及家屬售賣「從一根針到一個鐵錨」的日常用品。

又例如 1877 年，遇上海上風浪在海上飄流、九死一生的愛媛縣居民玉井福松，被英國船隻救起後送到香港，在船長陪同下前往日本領事館。日本領事館向英國船長表達謝意，安排遇險的日本人留宿領事館，還替他們安排前往上海的交通，讓他們能夠乘搭其他船隻，玉井福松最終安然返回日本。

1878 年，在法國留學的湯川溫作學成歸國，可是船隻到達香港時他已經病入膏肓回天乏術，最後在香港不幸離世。日本領

事館在這些情況下也會為死亡的日本旅客辦理身後事。現時在跑馬地日本人墳場裏歷史最悠久的日本人墳墓——湯川溫作少尉的墳墓，從棺材、墓地的購買費用等全部即是由當年的日本領事館出錢。

雖然早期的日本領事館規模細小，但除了幫助住在香港的日本僑民之外，亦處理各種日本相關的任務。無論是日本個體戶、企業在香港的經濟發展，僑民在香港的生養死葬，抑或是到訪香港的日本旅客各種千奇百怪的疑難雜症，領事館都擔當起排難解紛的中間人角色。

屈指一數，從林道三郎於明治六年來到香港創立領事館，直至今日令和三年，日本領事館植根香港一百四十八年，可謂任重道遠矣。

❀ 戰前的香港手信

香港人喜歡去日本旅遊，特別鍾情購買日本商品。自從十九世紀中葉日本旅客開始踏足香港，後人就能夠從文字裏看到他們在香港購物的種種紀錄，以及買東西時如何解決言語不通的問題。

早年的知識分子，對香港英華書院出版的刊物及字典特別有興趣，不難發現專程前往英華書院買書的記載；至於其他生活用品，以至本地食品、時令生果等，他們不知不覺跟日本進行比較，大開眼界。

例如在 1860 年前往美國的使節團中，團長新見正興的隨從

柳川兼三郎，就曾經在《航海日記》記下香港街道上小販及商舖的情景。街道上有糕點和其他玩藝在擺賣，商販使用木牌寫上價錢，然後插在貨品的旁邊；也有將五穀類放進筒內販賣的店子，街道上充斥着商人的叫賣聲，與日本相似的地方頗多。此外還有販賣日本貨品的商店。

福島惠三郎在《花旗航海日誌》就記載了路邊販賣的新鮮糕點，還有以麥製成的餅食，用紙書寫價錢；益頭駿次郎在《美行航海日記（三）》發現香港的店舖有售賣紡織物、陶瓷、玻璃、米、油、工具等。

買東西的時候，如何解決言語不通的問題呢？原來，會說英語的華人店舖很少，但可以透過書寫漢字溝通。方法是先問貨品名稱，以漢字查詢，再以漢字回答。

若果要購買香港的貨品，日本旅客就有需要使用香港的貨幣。原來早在 1860 年，香港已經有找換店！森田岡太郎在《美行日記》記載，當時的找換店會掛上「貨幣便換」的招牌，把錢穿起來再掛在鐵網之上。特別是前往歐洲時在橫濱換的銀幣，可以在香港換成英鎊，於航海途中使用。

至於書籍方面，英華書院曾經是日本知識分子嚮往之地。他們希望買到的書籍除了字典之外，還有《遐邇貫珍》和《六合叢談》。前者是 1853 年創刊的鉛字排版中文雜誌，最初由倫敦會的麥都思擔任主編，1856 年後改由理雅各接任，每一冊大約十二至二十四頁不等；後者是西方傳教士創辦的綜合型雜誌，1857 年在上海出版，每冊十六頁。除了新聞還有宗教、科學、文學題材的文章，大部分出自英國人偉烈亞力之手。日本曾經把它們翻譯，廣泛流傳。市川渡就曾經在英華書院買到《花英通語》，這是 1855年的書，是一部英語單字集，附上漢語的翻譯。1860 年，福澤諭吉加上音訓等譯語，在書名後再加上「增訂」二字，在日本出版。

十九世紀到訪香港的日本人，大部分都只是過客性質，目的地為歐洲。這些前往歐洲的旅客，很多時都會在香港購買籐床、籐席、籐椅、扇子、帽子等，以作避暑之用。香港還有其他著名產品例如白檀雕箱、象牙工藝品、雕畫楠木箱、絹傘、摺扇等。亦有旅客留意到香港文房四寶用品的價錢竟然比上海貴！

其中一位名叫成島柳北的過客，就曾經記錄自己抵港之後買了什麼東西：香煙、可插入相片的煙盒、椅子四張、新約舊約全書、中式鞋子、匣子、其他小玩意。成島柳北除了實物的開銷外，在香港期間還要再計上各種服務費與小費，花費不菲。

雖然以現代社會的角度看可能有些不可思議，但是在早期日本人遊記中經常可以看到購買籐椅子的記載。與謝野鐵幹就在寄給妻子與謝野晶子的信中提過委託事務長幫忙買椅子的事情，還提到香港椅子價格很便宜；島村抱月就更誇張了，他和同行的人共買去籐椅五張！

早期的日本皇室人員，也曾經在香港訂製高級家具。1882年6月25日，有栖宮威仁親王前往俄國參加亞歷山大三世的加冕典禮，在香港的時候留意到總督官邸裏面的黑檀木圓形桌子、長椅、置物台都相當漂亮，並且表示非常渴望購買。當時駐香港的日本領事安藤太郎，隨即安排位於皇后大道的古董家具名店洛興號選取上等材料照原物製作。次年三月，家具終於製作完畢，寄到有栖川宮。

有部分日本旅客到訪香港時，亦曾留意到有日本人經營的店舖。其實早在十九世紀，香港已經有日本人營商：三井物產等大型企業不在話下，在香港生活的日本人也會經營理髮店、和服店、旅館、咖啡店等；灣仔稱為大佛口的地方，名稱的淵源就是日本人經營的店舖「大佛洋行」，店舖如今雖然不在了，但名稱還留在香港人日常生活之間。

✿ 戰前的香港酒店

　　從十九世紀中葉香港成為英國殖民地開始，維多利亞港在國際航運的地位變得日益重要。海港一帶的酒店及旅館發展日益蓬勃，是旅客短暫落腳休憩的地方。

　　以下透過十九世紀中期至 1930 年代，日本旅客們親身經歷寫下的文字紀錄，揀選其中幾間日本旅客間聲名比較大的酒店旅館，從而窺探早期香港酒店的營運及服務。他們的經歷各異，有時會慕名前往某些酒店，有時只是碰巧路過，有些時候則可能出於官方安排。除了提供住宿外，酒店有時亦會提供餐飲伙食。更有一些紀錄指出，有些酒店會為客人介紹其他「特別服務」！

一、西式酒店

1. Commercial Hotel

　　1862 年，原任外交長官兼神奈川長官的松平康直，跟隨遣歐使節團從橫濱出發，乘搭奧金號前往新加坡，中途在香港停留六天。松平康直的隨從市川渡及野澤郁太分別詳細描述了他們下榻的酒店——位於同文新街的 Commercial Hotel。他們的文字，成為了香港早期接待外國旅客的酒店珍貴的歷史紀錄。

　　Commercial Hotel 是以磚瓦建造的三層高西式樓宇，有二十多個房間，採用螺旋形樓梯。每間房間牆壁上都有一面鏡子，前面放有陶瓷面盆、洗漱用具和水瓶。睡床有四條支柱，蚊帳模樣的緞帳使用類似麻布的羅紗縫製而成，從四角自然垂下；床褥上有兩張半毛織的毛氈，床鋪是有凸紋的棉布。浴室有三間，都使

用橢圓形的陶瓷製浴缸，每次客人入浴後都會重新注入熱水。旁邊放有肥皂、牙刷、梳和浴巾。

每個房間都有配備鎖匙，但是吃飯時客人需要去到其他房間。飯菜有中式和西式兩種，應客人要求烹調：中菜有肉類蔬菜及米飯；西餐有麵包和牛肉、羊肉，亦提供雞蛋、雞肉、乾鮑、乾海參等。進食時只有清水提供，沒有其他選擇。

透過市川渡的描寫，我們得以一窺十九世紀香港西式旅館的佈置、設備及膳食的面貌。

2. 香港酒店（Hong Kong Hotel）

在香港歷史上膾炙人口的高級酒店——香港酒店，無論是明治還是大正年間，都能夠在日本人的遊記裏找到它的蹤影。

明治維新三傑之一的木戶孝允，於 1873 年 7 月 15 日曾經在畢打街與皇后大道中交界的香港酒店住宿。根據日本外交部記載，日本在香港開設領事館的日期是 1873 年 4 月 20 日，剛剛好在木戶孝允到訪香港的三個月前。

香港酒店參考倫敦高級酒店的設計，於 1867 年 7 月開業。酒店的持有人是後來的香港上海大酒店有限公司，也就是今日的半島集團。話說，十九世紀的香港酒店已經有日本職員，他是 1890 年代在酒店工作的草野格馬。

除了木戶孝允外，1884 年 2 月 8 日，未來的美術家——十八歲的少年黑田清輝抵達香港後，也在領事館職員帶路下到達香港酒店，當晚黑田清輝還接受了日本料理的款待。

香港酒店於 1893 年擴建，增設北翼，伸延到海旁（今德輔道中）的位置。五年後，又有一位日本名人在這裏留宿：1898年 3 月 10 日夜晚 11 點，「二二六事件」中被暗殺的「達磨宰

相」——高橋是清，亦在香港正金銀行分行的職員接待下，下榻香港酒店，並在酒店接收來自日本銀行河上謹一的電報。

香港酒店跟十九世紀末期的鼠疫功臣——北里柴三郎亦有關連。1894 年在香港協助撲滅鼠疫的北里柴三郎醫生等人，在 6 月 17 日從溫莎酒店遷到香港酒店。在香港工作期間，團隊中青山和石神兩位博士突然染病，亦在香港酒店靜養。後來兩位博士確診為鼠疫症狀，被送到海面上的醫療船。香港酒店為兩位博士

香港酒店（圖片由張順光先生提供）

的房間進行徹底消毒，但醫療團隊一行人為了避免給酒店帶來麻煩，亦於 6 月 29 日離開了酒店。

1918 年 4 月，來自愛媛縣的俳句詩人河東碧梧桐對香港酒店也有深入的描寫。對於這間當時香港最著名的酒店，河東碧梧桐讚嘆之情表露無遺：雖然建築物略嫌陰沉，以至在白天也需要亮燈，但是室內的裝飾和設備卻令到遠離自己國家、來到亞熱帶地區旅行的人士得到撫慰。從地氈的顏色到花草樹木、沙發家具都給予客人極好的印象，足以忘記炎熱天氣。

河東碧梧桐在日本也到訪過日本首屈一指的帝國酒店和東京車站裏面的車站酒店，但他認為跟香港比較下依然是高下立見，相形見絀。他明確表示，酒店之間的區別首先是管理的問題，其次是酒店的硬件軟件設備是否完善。當然擺脫鄉土氣息、擁抱文明社會也相當重要。

除了有日本旅客入住之外，1924 年 6 月印度著名的詩人泰戈爾亦曾經在香港酒店留宿。當時，在廣州唸書的日本詩人、留學生草野心平就千里迢迢跑到香港酒店去拜訪前輩。我們透過草野心平的描寫，也對這間酒店有了更深的印象。

1926 年香港酒店北翼不幸遇上祝融光顧，殘破不堪的建築物於 1932 年重建。而酒店主樓的餐廳 Gripps 一直都廣受歡迎，直至酒店於 1952 年正式結業。

3. 溫莎酒店（Windsor Hotel）

除了香港酒店，皇后大道中的溫莎酒店，也曾經接待過十九世紀知名的日本人士。

1894 年 6 月 12 日，專程前來香港解決鼠疫問題的北里柴三郎團隊就曾入住皇后大道中的溫莎酒店，接着直奔領事館訪問中

川恒次郎領事，會見香港政府的代表後馬上前往堅尼地城醫院展開工作。順帶一提，比他們更早來到溫莎酒店的，還有在越南西貢從事病理研究、巴斯特研究所的耶爾森博士。不過北里柴三郎團隊只住了五天，在 6 月 17 日就搬到香港酒店去了。

1899 年 1 月 26 日，研究絲綢之路、敦煌莫高窟文物的專家大谷光瑞由日本領事館、三井物產及橫濱正金銀行的負責人迎接，入住溫莎酒店。

雖然他們兩人都沒有提及酒店的情況，但是在法國作者 Alfred Raquez 的著作《In the Land of Pagodas》中，就有描述到作者的爺爺在 1895 年下榻這間酒店閣樓房間的經過，以及相信是德國人職員的服務態度。可是非常遺憾，他的經驗並不愉快。

1899 年 11 月政府刊憲，溫莎酒店易名 The Connaught Hotel，中文叫「康樂酒店」。大谷光瑞要是再遲個一年半載到訪，大概就沒有機會在這間捱不到二十世紀的酒店住宿了！

二、日本旅館

1896 年，知名的文人德富蘇峰到訪香港時曾經聽過福澤諭吉的女婿、日本遊船公司的負責人清岡邦之助評論過日本人最早在香港經營的旅館之一——位於鴨巴甸街 13 號的東洋館。在他的眼中，香港很多由日本人經營的所謂日式旅館，不過是租用中國人房子經營的旅館，簡陋局促。

1.鶴屋

1900 年，夏目漱石在香港寄信給夫人鏡子。他提到在上海期間曾經光顧日本同胞開設的旅館，來到香港也同樣前往日本人

德輔道（圖片由張順光先生提供）

經營的旅館。他跟同船的德國留學生芳賀矢一在九龍下船，透過日本青年指引，去到一間名為「鶴屋」的旅館。鶴屋位於中環德輔道，主人的名稱是石崎增次郎。

專程來到日本人開辦的旅館的夏目漱石對旅館極度失望。他在日記抱怨這間旅館實在骯髒不堪，不宜入住；芳賀矢一則說這是海岸邊五層高的建築物，裏面有些日籍婦女。可是看過浴室的衛生環境後，他們實在不願意在這裏沐浴，於是只在這裏吃午飯，吃的都是日本料理。

十九世紀中葉至末期，香港的日本料理店除了清風樓，還有野村、四開樓、德島館等。當中最早經營旅館的是東洋館，設在海岸路兩邊；另外還有田中、鶴屋、澤田屋這些旅館，它們都是蛇頭旅館。

蛇頭把女人從日本帶出來的時候，都騙她們說要去漢口。如果說是去漢口，由於一天就會到達，女人們就容易受騙。及至來到香港後，女人們一般會被送到澤田或者鶴屋，然後被要求穿上和服工作。

夏目漱石和芳賀矢一到訪的鶴屋，其實在 1887 年前後曾經捲入過香港上海匯豐銀行的偽造貨幣事件。當時英國政府、廣東政府，以及香港的日本領事南貞助曾經攜手展開調查。事件告一段落之後，蛇頭旅館也開始沒落，鶴屋也就消失在旅館的名單之中。

到了二十世紀，香港終於有高級的日本旅館，不但有正統日本料理，還有來自日本的藝妓為客人助興。

2. 千歲館

坐落於灣仔厚豐里的千歲館於 1917 年建成，後來在 1994

年 12 月被拆毀，當年走上旅館的樓梯現在還殘留在原址。它是一座樓高三層的西式建築物，有一個漂亮的花園，是當時投資最大的日本酒店。

千歲館的創辦人是 1909 年來到香港居住的日本人關伊勢吉。旅館附屬的日本料理餐廳名千歲花壇，客人品嚐日本料理時還有日本藝妓助興。根據現時流傳下來的酒店廣告及餐牌，我們至少可以知道這裏能吃到壽喜燒和雞肉鍋。

1936 年到訪香港的高濱虛子，就曾經去過千歲館兩次。第一次時他們乘搭汽車，在堅尼地道下車後從建築物三樓進入，再往下走兩層樓梯去到餐廳。服務他們的是來自日本的藝妓，當中還包括籍貫是京都的女性。她們當中有留下名字的包括八重、松千代、久千代等；後來高濱虛子離開歐洲回日本時經過香港，再次到訪千歲館，這些藝妓也有出來助興，此外還有一些新面孔。

千歲酒店以及裏面的餐廳千歲花壇

被稱為漢奸的甘志遠在他的回憶錄裏面，也曾經提到香港的千歲館。千歲館曾經是日本軍隊高級將領及財經界名人經常光顧的高級日本旅館，廣西省省主席黃旭初從南京來到香港轉往廣西途中，就曾經在千歲花壇跟日本陸軍特務機關、南方工作擔當的和知鷹大佐會面，由甘志遠負責翻譯。

1940 年左右，日本政府向海外日本人提議盡快撤出香港，避免戰爭時蒙受損失，千歲館亦在這段期間結束營業，並把物業出售。這段期間結業的香港的日本人酒店，還有東京酒店和吉岡酒店。

除了以上的例子，在十九世紀到二十世紀初期香港還有其他酒店及旅館，例如山頂酒店、淺水灣酒店，也經常在戰前的日本人遊記之中出現。礙於篇幅，恕不贅述。

✿ 戰前的香港旅遊景點

「百萬夜景」是幾十年來日本人對香港維多利亞港兩岸閃爍霓虹燈夜景的美譽，香港作為旅遊都市，從來都是日本遊客的寵兒之一。可是誰又曾想過，直到今天依然大受歡迎的山頂纜車、山頂風光、天星小輪，原來早在十九世紀已經讓初次出國的日本旅客們驚為天人？

自從 1840 年代香港成為英國政府的殖民地，荒涼小島慢慢增添各種配套及建設。至今超過百多年歷史的天星小輪、山頂纜車依然風雨無間為香港市民服務。

一、天星小輪

天星小輪的歷史最早可以追溯至 1880 年代，波斯拜火教徒米泰華拉（Dorabjee Naorojee Mithaiwala）創辦了九龍渡海小輪公司，最初的蒸汽船名字就叫做 Morning Star。夏目漱石 1900 年來到香港，跟芳賀矢一乘搭的天星小輪就是 Morning Star。

十九世紀末，兩岸的渡輪班次大約每隔四十分鐘至一小時，往返中環畢打街及尖沙咀九龍角；星期一及星期五暫停服務，以補充煤炭燃料。到了 1890 年，九龍渡海小輪已經擁有四艘單層客輪，後來又添置了上層客艙。

天星小輪的名稱在 1898 年 5 月正式出現，當時亞美尼亞裔商人遮打爵士買下所有小輪，並把船名都加入了「Star」（星）字。

草野心平乘搭來往九龍香港的天星小輪時，看着波浪濺起的

天星小輪（圖片由張順光先生提供）

水花，情不自禁地把手伸進泡沫中淺嚐，見證了維多利亞港海水的鹹味。

與謝野晶子在船上思念夫君，回想起夫君曾經形容過的香港維多利亞港夜景。她透過船上的玻璃窗遠眺香港夜景，驚訝眼前景象如同金銀珠寶散佈山頭，閃閃生輝⋯⋯

直至今日，維多利亞港上偶爾還會看到夏目漱石曾經乘搭的、新一代同名渡輪 Morning Star 的蹤影。

二、山頂纜車

1888 年啟用的香港山頂纜車是世界上其中一個最古老的纜索鐵路系統，鐵路全長 1,365 公尺。雖然今日山頂纜車已經成為香港旅遊的標誌之一，但是在興建初期，它只為住在太平山頂上

維多利亞港（圖片由張順光先生提供）

的香港總督及居民服務。

早在百多年前，香港山頂纜車已經在到訪香港的日本人之間享有盛譽。尤其是明治年間到訪香港的名人們，差不多每一位都有乘搭山頂纜車上山頂欣賞維多利亞港兩岸景色的行程。

乃木希典表示二十多年前動工興建的纜車是東洋唯一的同類設施，對此甚為讚賞。本來維多利亞山不易攀登，但只要乘搭纜車便可以只花十分鐘輕鬆抵達山巔。

詩人島村抱月跟醫生們登岸後，由同行的廣瀨充當領隊，首先遊覽香港的市區街道，然後一起乘搭山頂纜車前往山頂欣賞維多利亞港景色，可是由於春霧茫茫，什麼都看不見。他還記錄了纜車車費頭等來回五角。

文豪夏目漱石看到用鋼索來牽動的山頂纜車登上目測 60 度的陡峭斜坡，早就驚訝不已；在山

山頂纜車於紅棉路一段，攝於戰前。
（圖片由張順光先生提供）

218

頂纜車抵達目的地後，他站在太平山山頂，眼前景色極好，令他心情感到十分暢快。

另一位文人與謝野鐵幹來到香港時也曾乘搭纜車登山。他告訴妻子與謝野晶子乘搭纜車登山竟然能夠把維多利亞港的景色盡收眼底，令他非常吃驚。

大正、昭和年間到訪香港的日本人世面見多了，雖然前往山頂的人依然多不勝數，卻再沒有明治年代日本人所感受到的震撼。正如上面段落指出，1888 年興建而成的山頂纜車是世界上最古老的纜索鐵路系統之一，對於剛剛踏入文明開化的日本國民來說，自然印象深刻、難以忘懷吧！

三、山頂與山頂酒店

乘搭山頂纜車登上山頂，除了看風景之外，有經濟能力者如東鄉平八郎，會選擇在山頂酒店享受茶點；年輕有氣力者如夏目漱石跟芳賀矢一，就跑上山的最高點欣賞風景；至於心細如塵的老人家高濱虛子，留意到的卻是山頂社區住宅的特色……

1900 年，才三十歲出頭的夏目漱石、芳賀矢一離開纜車站後選擇繼續登山。雖然說他們正值青壯年，但是攀登上山頂的過程並不輕鬆。幸而當他們成功走到山頂最高峰時，發現四面景色飽覽無遺，都感到很愉快。芳賀矢一更表示，付出的汗水是值得的。

1911 年，海軍大將東鄉平八郎因公務路經香港，身份尊貴的他前往山頂欣賞景色後，休憩於山頂酒店，並品嚐親王賜予的茶品與糕點。

當日跟東鄉平八郎同行的還有乃木希典。據聞暑假擠滿遊客的山頂酒店，在他眼中建築外表雖然不算優秀，但仍算宏偉；站

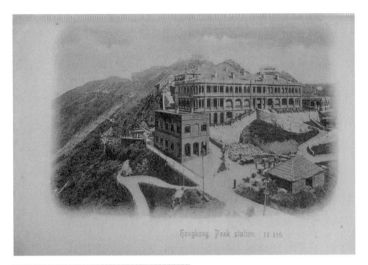

山頂酒店（圖片由張順光先生提供）

山頂酒店（圖片由張順光先生提供）

在山頂俯瞰維多利亞港，港內碇泊着大大小小的軍艦，還有各種小汽船來回往返，情景讓他不禁回想起攻佔旅順時的 203 高地。

1930 年代，帶着小女兒來到香港遊玩的高濱虛子離開南區之後，在山頂酒店下車。他們一行人沒有乘搭纜車上山，卻在這裏乘搭纜車下山。高濱虛子留意到纜車站入口處列出了在山頂居住的人名，清清楚楚地寫在木牌上面——能夠住在山頂的，可不是等閒人物或普通人家。

同樣是 1930 年代到港的日本旅客、芥川獎得獎小說家石川達三的發現就更有趣了——原來香港的山頂纜車不只說「Cable Car」，而要喚作「Peak Cable」！

無論是山頂纜車、山頂酒店還是維多利亞港的風景，百多年來一直受到遊客青睞。無論過去、現在抑或未來，都將繼續是旅客的熱門去處。

四、香港動植物公園

若要數百多前的香港明信片主題，除了山頂風光和山頂纜車，被稱為「植物公園」、「公家花園」、「香港花園」的動植物公園也是受歡迎主題之一。由前港督寶靈爵士倡設，始建於 1860 年，於 1864 年對外開放。

公園早年以蒐集及研究植物聞名，建築結構跟英國倫敦的基尤皇家植物園相似，設計意念由寶靈爵士構思，以花床圍繞的西式噴水池從 1864 年起便是公園的標誌。現在主要入口的石柱及台階，跟當年沒有太大分別。

動植物公園從 1958 年至今，一直安放英國著名雕塑家 Gilbert Ledward 的作品——英皇佐治六世的銅像。可是在戰前，這裏放置的本是香港第七任總督堅尼地爵士的雕像。堅尼地

爵士任仕期間（1872-1877）政績卓越，可是銅像在日軍佔領香港期間被送往日本熔掉。

1899 年，研究西域敦煌歷史的大谷光瑞，跟三井物產會社支店長會談後一同前往香港花園。在大谷光瑞一行人眼中，這是一個馳名於世的花園，花園內草木搜羅自世界各地，無一不備。除了北方的花草，來自南洋的植物更是美不勝收。他特別記錄了花園中間的噴水池，以及水池前香港第七任總督堅尼地爵士的銅像。

1911 年，因公務來到香港的乃木希典認為公園雖然不大，但各種植物林林總總，井然有序，生長茂密，足見園方照顧周到。曾經去過上海租界的乃木希典還直截了當指出上海的公園不能與此相比。同行的東鄉平八郎也有明文記錄：先在山頂遊覽，稍作休息後一行人再乘搭纜車下山，到香港花園散步。

香港動植物公園，攝於戰前。（圖片由張順光先生提供）

香港花園，即今香港動植物公園。（圖片由張順光先生提供）

對於軍人來說，植物公園尚且令其印象深刻，詩人就更加懂得欣賞箇中精湛之處了。比顯赫的軍人們更早到訪、於 1902 年訪港的島村抱月眼中的花園，其花壇之美勝過日本，各種紫花地丁色彩配搭巧妙，蝴蝶於花叢間飛舞，賞心悅目。

1884 年及 1900 年兩度來過香港的黑田清輝作為美術家，特別留意到噴水池旁邊堅尼地總督的銅像。他指出這是居英意大利雕塑家馬里拉·拉基在倫敦創作的作品，還稱讚同為拉基的作品——海邊的維多利亞女皇銅像極為精美，慨嘆日本至低限度也要有這種藝術水平。至於公園裏面的植物呢？他非常欣賞熱帶及其他地方的罕有植物，而且對各種奇花異卉如數家珍，指出蓮花、鳳仙花、牽牛花、向日葵、繡球花都在綻放。

1940 年代日本佔領香港期間，公園先是易名「大正公園」，又嘗試改建為香港神社，堅尼地爵士銅像更被送到日本熔掉。戰後經過修復，成功保存六項戰前物品，分別是前主要入口石柱及台階、華人紀念碑、前演奏台、花園道閘門門柱、動植物公園食水配水庫隧道口，以及通往噴水池平台的台階。到了 1975 年，植物公園終於易名「香港動植物公園」。從十九世紀中葉到今天，這個香港歷史上最悠久的公共公園，可謂見證了香港的歷史。

附
錄

參考書目

一、中文書籍

丁新豹、盧淑櫻：《非我族裔：戰前香港的外籍族群》，香港：三聯書店（香港）有限公司，2014 年。

王賡武主編：《香港史新編》（上、下），香港：三聯書店（香港）有限公司，1997 年。

李培德編著：《日本文化在香港》，香港：香港大學出版社，2006 年。

柴田幹夫著，王鼎等譯，闞正宗監譯：《興亞揚佛：大谷光瑞與西本願寺的海外事業》，新北：博揚出版社，2017 年。

馬冠堯：《戰前香港電訊史》，香港：三聯書店（香港）有限公司，2020 年。

陳湛頤：《日本人與香港：十九世紀見聞錄》，香港：香港教育圖書公司，1995 年。

陳湛頤：《日本人訪港見聞錄（1898-1941）》（上、下），香港：三聯書店（香港）有限公司，2005 年。

與謝野晶子著，陳黎、張芬齡譯：《亂髮：短歌 300 首》，新北：印刻出版社，2014 年。

劉潤和：《香港市議會史（1883-1999）：從潔淨局到市政局及區域市政局》，香港：康樂及文化事務署，2002 年。

謝健編譯：《寄旅香江：日本人筆下的香港》，南京：南京師範大學出版社，2017 年。

二、中文論文

池上貞：〈嶺南大學與日本詩人草野心平〉，《現代中文文學學報》第 7 期，2005 年。

李歐梵：〈上海的世界主義〉，《二十一世紀雙月刊》第 54 期，1999 年。

三、日文書籍

《香港日本人社会の歴史：江戸から平成まで》，香港：香港日本人倶樂部史
　　料編集委員會，2005 年。

《高橋是清自伝》，東京：中公文庫，1976 年。

《陸奥宗光伯：小伝・年譜》，東京：陸奥宗光伯 70 周年記念会，1966 年。

《黒田清輝日記》，東京：中央公論美術出版，2004 年。

小田基編：《航米日録を読む──日本最初の世界一周日記》（玉蟲左太夫遊
　　記），宮城県：東北大學出版会，2000 年。

小笠原長生：《聖將東郷全傳》，東京：国書刊行会，1940 年。

平岡敏夫編：《漱石日記》，東京：岩波文庫，1990 年。

和田博文：《海の上の世界地図　欧州航路紀行史》，東京：岩波書店，
　　2016 年。

長沢和俊：《大谷探検隊シルクロード探検》，東京：白水社，1998 年。

芳賀檀編：《芳賀矢一文集》，東京：富山房，1937 年。

渋沢栄一伝記資料刊行会：《渋沢栄一伝記資料》（第一巻），東京：岩波書
　　店，1944 年。

柴崎信三：《魯迅の日本漱石のイギリス》，東京：日本経済新聞社，
　　1999 年。

瀬沼茂樹：《日本文壇史 21「新しき女」の群》，東京：講談社文芸文庫，
　　1998 年。

四、日文論文

小島勝：〈香港日本人学校の動向と香港本願寺〉，《佛教文化研究所紀要》
　　第 43 期，2004 年。

片山章雄：〈大谷光瑞の欧州留学〉，《東海大学紀要・文学部》第 76 期，
　　2001 年。

片山章雄：〈ヨーロッパの大谷光瑞〉，《東海大学紀要・文学部》第 78 期，
　　2003 年。

松浦章：〈清末中国と日本間の汽船定期航路〉，《関西大学東西学術研究所
　　紀要》第 37 期，2004 年。

宮永孝：〈東郷平八郎の英文日記〉，《社會誌林》第 48 期，2001 年。

尚世信晃：〈陸奥宗光の政治的「個人」創山の試み——明治におけるヨーロッパ政治思想の日本的取捨選 について〉，《日本研究セミナー「明治」報告書》，2014 年。

関水信和：〈渋沢栄一における欧州滞在の影響——パリ万博（1867 年）と洋行から学び実践したこと 」〉，《千葉商大論叢》第 56 期，2018 年。

五、英文論文

Brian Bocking, "The First Buddhist Mission to the West: Charles Pfoundes and the London Buddhist mission of 1889-1892", University College Cork.

D.A. Griffiths and S.P. Lau, "The Hong Kong Botanical Gardens, A historical overview", *Journal of the Hong Kong Branch of the Royal Asiatic Society*, Vol. 26(1986).

Rebecca Maki, "Discovery of Yersinia pestis", University of Pittsburgh.

戰前訪港日本名人表

訪港日期	姓名	身份	出生地（按現代劃分）	訪港年齡	船名	船籍	相關香港景點
1867 年 2 月 24～26 日	澀澤榮一	思想家、實業家	埼玉縣	26	阿爾法號	法國	監獄、鑄幣廠
1870 年 10 月 21 日	陸奧宗光	外交人員	和歌山縣	26	/	/	深水灣
1871 年 5 月 2 日	東鄉平八郎	海軍大將	鹿兒島縣	23	艾頓號	英國	/
1884 年 2 月 8 日	黑田清輝	畫家	鹿兒島縣	18	/	/	馬場、墳場
1884 年 2 月 20～26 日	大山巖	陸軍大將	鹿兒島縣	42	明智號	法國	馬場、皇后大道
1884 年 9 月 19～10 月 3 日	東鄉平八郎	海軍大將	鹿兒島縣	36	天城艦	日本	/
1894 年 6 月 12～7 月 20 日	北里柴三郎	細菌學家、醫生	熊本縣	41	里約熱內盧號	美國	堅尼地城醫院
1898 年 3 月 10～19 日	高橋是清	總理大臣、銀行家	東京都	44	納泰爾號	法國	華商會所、各日本駐港機構
1899 年 1 月 26～2 月 2 日	大谷光瑞	寺院負責人、學者	京都府	23	老撾號	法國	動植物公園、聖約翰座堂、墳場、大會堂、山頂
1899 年 12 月 13 日	大谷光瑞	寺院負責人、學者	京都府	23	阿伯特國王號	德國	
1900 年 6 月 2～4 日	黑田清輝	畫家	鹿兒島縣	34	薩拉迪號	法國	擺花街、皇后大道、動植物公園
1900 年 9 月 19～21 日	夏目漱石	小說家	東京都	32	普魯士號	德國	山頂、天星小輪、皇后大道
1901 年 5 月	黑田清輝	畫家	鹿兒島縣	35	/	/	惠良照相館
1902 年 3 月 22～23 日	島村抱月	劇作家	島根縣	31	讚歧丸	日本	動植物公園、墳場、山頂
1902 年 12 月 23～25 日	澀澤榮一	思想家、實業家	埼玉縣	62	神奈川丸	日本	動植物公園、山頂
1911 年 4 月 24～26 日	東鄉平八郎	海軍大將	鹿兒島縣	63	/	/	擺花街、山頂、動植物公園
1911 年 4 月 24～26 日	乃木希典	陸軍大將	鹿兒島縣	62	/	/	擺花街、山頂、動植物公園
1912 年 10 月 27 日	與謝野晶子	詩人	大阪府	34	平野丸	日本	/
1918 年 4 月	河東碧梧桐	詩人	愛媛縣	45	/	/	灣仔日本娘子軍集中地
1921 年 3 月 10～13 日	裕仁	皇太子	東京都	20	香取艦、鹿島艦	日本	淺水灣、赤柱、青州
1922 年 3 月 2 日	鈴木梅四郎	社會運動家、實業家	長野縣	60	榛名丸	日本	百貨公司
1924 年 6 月	草野心平	詩人	福島縣	21	/	/	天星小輪
1930 年 3 月 20～21 日	石川達三	小說家	秋田縣	27	拉普拉搭丸	日本	天星小輪、山頂
1936 年 2 月 28～29 日	高濱虛子	詩人	愛媛縣	62	箱根丸	日本	香港仔、山頂、淺水灣、天星小輪
1936 年 2 月 28～29 日	橫光利一	小說家	福島縣	38	箱根丸	日本	淺水灣
1936 年 5 月 9 日	武者小路實篤	貴族、小說家	東京都	51	白山丸	日本	電影院
1936 年 6 月 4 日	高濱虛子	詩人	愛媛縣	62	箱根丸	日本	天星小輪

後記

2019 年 6 月，我在倫敦遇到傳說中購入夏目漱石於英國居住過的老房子，並改裝成夏目漱石紀念館的該館館長 —— 人稱「夏目漱石超級粉絲」的恒松郁生教授。

白髮蒼蒼的恒松教授，面色紅潤，笑容可掬。

「感謝老師在百忙之中抽空……」我在火車站跟初次見面的恒松教授鞠躬。

恒松教授揮手示意繁文縟節可免則免，打斷了我的說話 ——「我不忙。『忙』是『心』、『亡』的組合，我對研究有熱情！每天都活得很充實！」這位年老風趣的恒松教授，妙語連珠的開場白讓我忍俊不禁。

夏目漱石原先的老房子已經易手，也不再對外開放。恒松教授於是將畢生的珍藏搬到另一所房子，地面一層是小小的紀念館，樓上則是自家住宅。走入第二代的夏目漱石紀念館，簽名冊上星光熠熠：當今日本天皇「德仁」、已故歷史小說家「司馬遼太郎」……

恒松教授向我展示他珍藏的香港舊照片及明信片。原來恒松教授在 1978 年的時候，曾經拿着《漱石日記》，找尋 1900 年 9 月 19-20 日夏目漱石在香港的足跡。可是由於人生路不熟、資料蒐集不足、語言問題等障礙，除了山頂以及天星小輪之外，並沒有找到什麼線索。

於是，我決定幫助恒松教授完成對夏目漱石人生中這兩天的研究。《漱石日記》固然是最重要的文本，另外還透過當時的報章雜誌、其他同行日本人的紀錄、當時住在香港的日本人留下來的珍貴史料，終於還原了夏目漱石在香港兩天行程的原貌。

　　沒有等到我親身再去英國拜會恒松教授，新冠疫情爆發了。疫情期間，感謝長春社文化古蹟資源中心前執行總監劉國偉先生提供場地及網上資源，於夏目漱石到訪香港 120 週年的 2020年，我們成功舉辦網上講座，讓只有短短兩天的夏目漱石香港旅程得以公諸於世。長春社講座之後，我接受《明報》副刊的訪問，再次把夏目漱石與香港的緣分介紹給香港的讀者。

　　完成夏目漱石旅程的研究後，我發現自 19 世紀中葉起，已經有不少日本人途經香港前往歐洲。作為英國殖民地的香港，成為他們面向西洋文明的第一扇窗。

　　於是，我正式展開了有關這方面的學習與研究。

　　最後，此書能順利出版承蒙各方支持，特別是為本作擬名「爐峰櫻語」的香港政府檔案處前處長劉潤和博士、撰序的香港浸會大學歷史學系鄺智文副教授、提供香港歷史相片明信片的收藏家蕭險峰先生及張順光先生、提供日本史蹟相片的日本歷史作家孫實秀先生、疫情下幫忙在日本拍照的鄭惠心小姐、慷慨贈書的嶺南大學周家建博士，以及海濱文化導賞會副主席侯清儀先生。

　　感謝以上各位厚愛，多次為晚輩付出精神時間，謹以實際行動提筆書寫，以答謝前輩們一直的幫助與關懷。

Kiri

（疫情下的）令和四年春於香港

策劃編輯　梁偉基

責任編輯　張軒誦

書籍設計　a_kun

書　　名　爐峰櫻語：戰前日本名人香港訪行錄

著　　者　黃可兒

出　　版　三聯書店（香港）有限公司

香港北角英皇道 499 號北角工業大廈 20 樓

Joint Publishing (H.K.) Co., Ltd.

20/F., North Point Industrial Building,

499 King's Road, North Point, Hong Kong

香港發行　香港聯合書刊物流有限公司

香港新界荃灣德士古道 220-248 號 16 樓

印　　刷　寶華數碼印刷有限公司

香港柴灣吉勝街 45 號 4 樓 A 室

版　　次　2022 年 1 月香港第一版第一次印刷

規　　格　大 32 開（132 × 210 mm）238 面

國際書號　ISBN 978-962-04-4901-7